エフェソ書を読む

釈義と説教

石田 学

新教出版社

装丁　渡辺美知子

まえがき

本書は、わたしの牧する教会（日本ナザレン教団小山教会）で、二〇一五年三月二九日から八月一六日まで二十一回の日曜礼拝でおこなったエフェソ書からの礼拝説教と、説教準備として用意した聖書の学びを対にして組み合わせたものです。

説教集はすばらしい説教者の著作が多く出ていますので、わたしのものなどはあまり意味があるように思われず、説教集を出すことには後ろ向きで来ました。しかし、神学校で説教学と新約聖書釈義を担当し、二つの講座を連動させて教える中で、説教準備のために牧師がおこなう聖書の学びと説教を一対として出すなら、神学生たちはもちろん、礼拝説教に苦闘しておられるわたしの同労者たち、そして牧師の説教準備と霊的な養いに関心のある信徒の方たちのために、なにがしか役立つことができるのではないかと考えるようになりました。

たいていの牧師は、説教だけでなく、諸々の教会の働き、そして教団・教派やキリスト教界のための働き、地域や社会の働きとの関わりなど、けっこう忙しい日々を過ごしています。しかし、それでも牧師の働きの中心は説教にあると信じます。実際、わたしの属するナザレン教会は、長老職（按手を受けた聖職者）は説教職であると規定しています。時間を優先的に説教とその準備に当てることは、牧師の責務です。しかし、無限に時間を使うことができるわけではありません。限られた時間、限られた能力、限られた資料を用いて、具体的に一人の牧師がどのような準備をし、どのような説教をおこなっているのか。そのことを一冊の本にしてみることにしました。

わたしが牧師になってもう三十七年目に入りました。この間、牧師の矜持として毎週ほぼ必ずおこなってきたのは、聖書の学びとして釈義ノートを作ることと、それに基づいた説教をおこなうことでした。限られた時間の中で毎週おこなうことですから、それほど詳細かつ綿密な釈義ではありませんし、もちろん釈義がそのまま説教になるわけではありません。しかし釈義を基礎として説教を準備しますから、この聖書の学びがいわば土台だと考えています。土台はいつも見えるとは限らず、多くの場合は隠れています。しかし、土台が建物に不可欠なように、聖書の学びは説教準備に不可欠だと信じ、欠かさずに続けてきました。

釈義の部分は、聖書学者の学術的な註解ではなく、ひとりの牧師が説教のためにおこなう学びです。そのために、専門書の引用や脚注は例外を除いて含まれていませんが、準備にあたっては多くの専門書、注解書から学ばせていただいています。書物にするにあたり、あえてオリジナルの原稿に新たに手を加えることをせず、準備したそのままをまとめました。牧師としてのわたし自身の現実、限られた時間と能力、不足な部分も含めて、そのままを提示した方が有益だと考えてのことです。それゆえ、特に釈義の部分には不充分なところ、思い違い、誤りがあるかもしれません。その点はどうぞご容赦ください。著者問題については、釈義では多くの研究者に従っていますが、説教の部分では一貫して「パウロ」としています。

一人の牧師が、毎週自分なりの最善を尽くして説教を準備する作業がどのようなものかを知り、その中で牧者が御言葉の中に隠されている宝を見出した喜びを、説教として分かち合う嬉しさを本書から感じ取っていただきたい。それがわたしの何よりの願いです。

石田　学

目次

目　次

序　論

パウロの名を冠する十三文書の内、多くの新約学者がパウロの真正な手紙（パウロ自身が執筆したというよりも、パウロ自身が執筆陣の中にいたという意味で）と考える七書簡を除く五書簡は、パウロとの関連がいろいろな意味で問われている。

コロサイ書に関しては、文体、神学、時代背景などからパウロの同労者もしくは後継者によって書かれたと判断されることが多い。エフェソ書も同様である。コロサイ書とエフェソ書がしばしば関連づけられるのにはそれなりの理由がある。何よりも、文書構成と神学的な枠組、記述の仕方などにおいて、両書には高い類似性が認められる。しかし、きわめて共通性の高い神学的な枠組を持ちながら、なお、大きく異なる点も存在している。

コロサイ書と同様、エフェソ書は一つの文章がきわめて長く、初期キリスト教の集会において朗読されることを目的としていたとは思われない。比較的教養の低い人たちが多かった初期キリスト教会で朗読されるより、むしろ文章として読まれることを想定している。

エフェソ書は手紙というよりも説教であると定義づける説が強い。説教であるとすれば、やはり耳で聞いて理解することが前提である。しかし、エフェソ書は文章構成が長く、思想的に難しい。それらを判断すると、エフェソ書は手紙本来の目的を持たず、かつ説教でもなく、むしろ教会指導者に宛てた教導的小論と見るのが自然である。

コロサイ書との関連性の高さは、エフェソ書がコロサイ書を前提として、コロサイ書の改訂版もしくは修正版として書かれた可能性を示唆しており、そのように解釈する学者が多い。コロサイ書以後、しばらくの時を経て、新たな神学的・実践的課題に直面し、パウロの神学を受け継ぐ者たちが、コロサイ書を踏まえて新たな課題に対処しようとしたということではなかろうか。

1　文体と用語

コロサイ書と同様にエフェソ書は一つの文章が長い。1・3～6、7～10、15～19、20～23は、いずれも一つの文章によって構成されている。長文体であることは1章のみにとどまらず、文書全体にわたっている。

エフェソ書はまた、コロサイ書と同様に、他のパウロ書簡には見られない用語が多く用いられている。たとえば1・19では「力」を意味する四つの単語が使い分けられている（デュナミス、エネルゲイア、クラトス、イスキュス）。4・24「聖（ホシオテース）」はこの文書のみに用いられ、悪魔をサタナスではなく、牧会書簡と同様「ディアボロス」と表現する。

エフェソ書百五十五節のうち、七十三節がコロサイ書と言語的に密接に並行関係を持つ。エフェソ書が意味する「教会」は個々の具体的な教会ではなく、普遍的な教会である。

2　宛　先

エフェソ書の大きな特徴の一つは、具体的な論敵、教会に危機をもたらしている反対者・間違った信仰が存在してはいないことである。コロサイ書は具体的な敵を想定して論駁と護教をおこなっている。しかし、エフェソ書が相手にするのは、信仰を持つ以前のかつての姿であり、信仰を持たない異邦人の考え方である。教会を危機にさらす誤りや違う教えはまったく示唆されない。この事実は、パウロが直接関わったと思われる手紙と最も大きく異なる点である。具体的な危険や問題がなかったとすれば、なぜエフェソ書が書かれる必要があったのか。そこには次に述べる神学的な要請があったことに加えて、パウロ書簡の蒐集と関わる事情があったと考える研究者もいる。

ゲルト・タイセンはパウロ書簡の蒐集に大きく三つの段階があったと考える（『新約聖書』大貫隆訳、教文館）。タイセンによれば、最も早くパウロ書簡集に、長い順に収録されたのが、ローマ、一コリント、二コリント、ガラテヤの四書簡である。次に、この初期書簡集に、やはり長い順にエフェソ、フィリピ、コロサイ、一テサロニケ、二テサロニケ、フィレモンが追加され、十文書となった。この書簡集は、マルキオンが二世紀中頃に知り、用いたものである。

タイセンはじめ幾人かの学者は、エフェソ書がこの段階で、新たな付加をおこなうに際しての

「付加部分への導入のための手紙として起草されている」と見る（『新約聖書』二〇二頁）。

このことは、エフェソ書の冒頭に、元来は宛先「エフェソにいる（エン・エフェソー）」がなく、後に付加されたと思われることからも推測される（p46、シナイ、バチカン、マルキオン、テルトゥリアヌス、オリゲネスなど）。もともと、エフェソ書は具体的な教会あるいは地域を対象として書かれたのではなく、広く「聖なる者」「キリスト・イエスを信じる人たち」に宛てて書かれたのであろう。

3 神学的特徴

コロサイ書の神学が宇宙論的キリスト論であり、キリストによる神と人間の和解を中心としているのに対して、エフェソ書は同じく宇宙論的キリスト論を持ちながら、その中心的関心は、水平的な和解、すなわち異邦人とイスラエルの民に象徴される、人と人の和解にある。

パウロにとって、ユダヤ人と異邦人の区別は重要であった。キリストは律法を廃棄するために来たのではなく、ユダヤ人であることは救済史的な意味を持っていた。両者の和解をパウロは求め、それが可能であると信じたが、ユダヤ人と異邦人の区別を取り除く仕方での和解は、パウロの想定していたことではなかった。

しかし、エフェソ書は明らかに、キリストにおいてあらゆる人間的な違いが乗り越えられ、その最たるものである律法が廃棄され、すべての民族が聖なる者、神の家族とされると主張する。

そのことが実現するのがキリストと結ばれた教会である。したがって、教会においてすべての違いは無意味とされ、聖なる一つの神の民が成立する。

したがって、教会は神の民とされた者の和解と調和が完全に実現する、聖なる領域である。そうした神学的前提が、エフェソ書の倫理を構成する。神の家族としての具体的な見える象徴が、家族である。結婚および家庭の人間関係はキリストの教会を表している。一致と調和、愛と寛容、序列と従順が大きな意味を持つ。ただし、こうした一致と調和の理念は、その時代の文化的社会的背景を前提としていることを忘れてはならない。エフェソ書は多分に家父長的な色彩を帯びている。この書の持つ、こうした時代的文化的制約を理解した上で、エフェソ書の持つ神学的な理念、すなわち、あらゆる人間的な違いを克服する和解の根拠としてのキリストの十字架を理解すべきなのである。

1・1〜6

1節

ヘレニズム書簡の典型的な形式を取る。差出人が主格、受取人が与格、そして挨拶が続く。しかし、具体的な記述はきわめてパウロ的である。

冒頭に「パウロス」が置かれ、同格で「アポストロス」と差出人をまず明記する。使徒パウロ、と。そのパウロは「神の意志によるキリスト・イエスの使徒」である。与格で表記される受取人は「エフェソにいる聖徒たちであり（カイ）キリスト・イエスを信じる者たち」である。

2節

ヘレニズム書簡におけるあいさつの定型句「カイレイン」に変えて、典型的なパウロのキリスト教的挨拶句であり、「恵みと平和」という組み合わせは、パウロ書簡のほとんどで用いられている祝福の挨拶である。エフェソ書の場合、手紙の全体が恵みと平和についての指針なので、内容全体の要約ともなっている。

3節

手紙の著者はここで、「わたしたちの主イエス・キリストの父である神」と言う。これは2節の「わたしたちの父である神」に続けることによって、一つの対概念を構成している。わたしたちの父である神は、イエス・キリストの父である神に他ならない。したがって、著者は2節で抽象的な概念としての「父なる神」について言及しているのではない。神はイエス・キリストの父なのであって、そのキリストとの絆が、わたしたちに神を「父」と呼ぶことを可能にしているのである。

書簡形式では「感謝」にあたる箇所の冒頭（3節）を、著者は「神は、ほめたたえられますように」という語から始める。その上で、なぜ神がほめたたえられるべきか、賛美の理由を詳細に提示するのである（4〜14節）。

主イエス・キリストの父である神が「わたしたちの父」でもあるということは、神が「キリストにおいて、天のあらゆる霊的な祝福で満たして」くださっているということである。神が「父」であるという比喩は、まさに神がこの天上の祝福の源であることを表すためのものである。ここで著者は、天上の霊的な祝福（良いもの）は、キリストにおいて完全に与えられていることを明言する。その必要があったのであろう。コロサイ書はキリストの働きを補完するものが必要だと主張する人々に対して、キリストの充全性を主張した（コロサイ2・9〜10）。エフェソ書もここで同じ主張を展開している。キリストを通して与えられている祝福に何かを付け加えなければ不十分であるという主張は、いかなるものであれ、パウロおよび教会が信じてきた確信とは異なる。

4節

神の選びについて語るこの箇所を、わたしたちはどうしても「選びと予定」をめぐる教会内の神学論争、特に宗教改革時代とそれ以後の論争を前提として読みがちである。ここではマルクス・バルトが指摘するように、神の永遠の定めや計画を論じてはいない（*Ephesians 1-3*, Anchor Bible, pp.105-9）。「天地創造の前に」という表現はキリストと関係している。キリストの神性が永遠であるので、選びが「キリストにおいて（エン・アウトー）」であるということは、選びも永遠と関わっていることを意味する。それは創造前に誰が選ばれ、誰が選ばれないかと予め定めたということではない。天地創造の前から、御子キリストと結ばれる者を御子と同じ性質を持つ者、つまり神の子として愛することを、神が永遠の内に定めていたということである。御子と結ばれる者は、御子と同じく「聖なる者」「汚れのない者」とされる。これは神の恵みによるものなので、人間の側の努力・修行などによらない。「神に選ばれた」という一方的な恵みに対しては、ただ喜び、感謝をささげることだけが必要なのであり、それ以上の推測や憶測は避けねばならない。

5～6節

神の選びはキリストによるのであり、人の能力や努力とは関わらない。「キリストにおいて」とパウロは言う。選びはキリストが基準であり、キリストが選びの主権者に他ならない。そうであるなら、キリストを見ればその選びがどのようなものかわかるであろう。キリストは誰を招き、誰に語り、誰を教えたか。キリストに選ばれない人はいない。それが最終的な結論になるはずである。そして同時に、選びは一方的で強制的なものではなく、応答があって初めて実現することも示唆される。応答は「わたしたちが輝かしい恵みをたたえる」ことによってなされる。

説教　神をほめたたえることができるとは！

エフェソの信徒への手紙1・1〜6
イザヤ書52・13〜53・1
ルカによる福音書19・37〜38
詩編42

エフェソの信徒への手紙はとても不思議な、そして多くの魅力にあふれた手紙です。パウロは冒頭に宛先として「エフェソにいる聖なる者たちへ」と書きます。確かにエフェソという地名は出てきます。しかし、実際にはこの手紙はエフェソ教会だけに宛てられたものではなく、もっと広い範囲の諸教会を読者と考えているようです。たぶん、一世紀後半のキリスト教が始まってまもない時期に、地中海世界、もっと厳密にはローマ帝国内の諸教会に宛てたのでしょう。

一世紀末のローマ帝国は、安定し繁栄した時代でした。その時代、単に「海」と言えば地中海を指しました。その地中海全体を取り囲んでいたローマ世界は、文字通り世界を支配する、軍事的にも経済的にも最大最強国家でした。豊かさと繁栄をもたらし、与え続けてくれる神々が人気で、どの町にもたくさんの神殿や神社がたちならび、お祭りが盛んでした。ローマ文化は、とても快楽中心の文化で、人々はいかに快適に、快楽を楽しむかに関心がありました。そのために娯楽は次第にエスカレートし、いっそう刺激的になり、ついに戦車レースや、猛獣による死刑のショーや、グラディエイター（剣闘士）による殺し合いが最大の娯楽でした。性的な快楽を表現する単語がラテン語ほど豊富な言語はありません。宗教については、成功と繁栄を与えてくれる御利益が、人々の最大関心事でした。

そんな社会と文化のただ中で、キリスト教徒は何を考えるべきでしょうか。何を望み、何を祈り、何をして生きるべきでしょうか。隣近所の人たちから、猛獣による死刑のショーを見に行こうと誘われて、キリスト教徒はどう答えるべきでしょうか。夫や妻がそれぞれ愛人を持って当然の社交界で、キリスト教徒の夫婦はどのような選択をなすべきでしょうか。

エフェソ書はキリスト教徒が直面するそのような課題に対して、信仰的な確信を込めた応答を与えたのでした。エフェソ書は、古代の地中海世界で、ローマ世界に生きる信仰者に宛てて書かれた手紙です。しかし、この手紙に示されている教えは、時代を超えています。現代の教会、特に日本の教会にとって、この手紙が語りかける確信は大きな励ましとなります。

この手紙が示す道標は、とても大きな意味を持っています。キリスト教が始まって六、七十年という一世紀末のキリスト教徒と、それから二千年近くが過ぎた現代日本のキリスト教徒。環境も文化も世界観も、生活の仕方も大きく異なっています。しかし、エフェソ書が語りかける信仰的な確信と生き方は、わたしたちにとって必要な、そしてかけがえのない価値を持っています。

昨年、おもしろい本が出版されました。ロドニー・スターク『キリスト教とローマ帝国』（新教出版社）です。キリスト教徒が、キリスト教の始まりからずっと、どんな割合で増えていったかを統計的に研究した本です。

それによると、紀元一〇〇年頃、ローマ帝国のキリスト教徒人口は、〇・〇一三パーセントでした。紀元二〇一五年、現代日本のキリスト教徒人口は、およそ〇・八パーセントです。いまの日本には、割合としてエフェソ書の時代と比べて、およそ六十倍ものキリスト教徒がいるのです！

これはすごいことだと思います。しかし、もっとすごいのは、この事実です。すなわち、人口比で一万人に一人しかキリスト教徒がいない現実の中で、小山に当てはめれば、小山市に十六人しかキリスト教徒がいない現実の中で、エフェソ書のような、明確な希望と確信に満ちた信仰の書が書かれ、人々がそれによって励まされ、力づけられていたことです。

日本でキリスト教徒として生きることには、種々の困難や難しさがあります。でも、西暦一〇〇年のキリスト教徒よりは、はるかに生き易いと思います。エフェソ書が語りかけるキリスト教徒の理念と信仰的な生き方を、わたしたちも現代の日本で分かち合い、確信してゆきたいと思います。
パウロはエフェソ書の本文を、こんな賛美の言葉から始めます。

わたしたちの主イエス・キリストの父である神は、
ほめたたえられますように。

何よりもまず、神がほめたたえられますように。それがパウロの切なる願いだからです。そして、何にもまして、最初に神をほめたたえることが、キリスト教徒であることの意味だからです。神をほめたたえること。わたしたちはそれを信仰者の義務のように考えるかもしれません。しかし、神をほめたたえることは信仰者にとって義務ではなく、実は、最大の特権であり、喜びのはずなのです。
考えてみてください。わたしたちが生きる時、怒りや不満、文句や悪態から始めるとしたら、自分自身も周囲も、どんなに不愉快で対立的になることでしょうか。わたしは週に二、三日、神学校や教会の用事で東京に出ます。朝一番から、ときおり怒鳴り声や悪態が聞こえてきます。朝起きて最初に、文句や不愉快な言葉から一日を始めたら、その一日はシャローム（平和）に満ちたものとはならないでしょう。家族、友人、地域、国家、どんな関係も同じではないでしょうか。顔を合わせて最初に不満や不平を言い、怒りを発するなら、自分で平和を壊し、放棄していることになります。

パウロは、キリストを信じる者が生きる時、始めに何をするかを教えます。神をほめたたえることから生きることを始めることができるのです、と。なぜ、わたしたちは何よりもまず神をほめたたえるのでしょうか。はっきりとした理由があります。それは「神がわたしたちを霊的な祝福で満たしてくださった」からです。わたしたちが神の霊的な祝福に満たされることができた。その根拠をパウロは「選び」という言葉で言い表しています。わたしたちが神の祝福を選んだのではなく、神がわたしたちを選び、祝福してくださったと言うのです。

わたしたちは誰も、自分で神の祝福を勝ち取ってはいません。神にふさわしくなって神から認められたわけでもありません。わたしたちがなぜ、神によって特別な恵みと祝福を受けたのか。そのことを問われて、その理由を説明できる人はいません。「あなたはなぜ、自分が神の祝福を受けたのかわかりますか?」そう問われて、「さあ、なぜでしょうか?」という以外の答えを、いったい誰が持っているでしょうか。

なぜ神がわたしをキリスト教徒として招いてくださったのか。わたしも、なぜなのか見当もつきません。わたしの努力が実ったのでないことは確かです。わたしがふさわしくなったり、立派になったからでないのも確かです。「どうしてこんなわたしが?」と誰もが問うことでしょう。もし答えようがあるとしたら、神の選びによって、という以外に言いようがありません。

パウロは「キリストにあって神がお選びになった」ことを強調しました。「選び」とは、わたしたちの救いが自分自身の力にかかってはおらず、究極的には、神がわたしたちの救いに責任を負っているということです。責任が神にあれば、わたしたちはただ神の手に自らを委ねるだけです。キリスト教徒になることを、パウロは別の手紙で、「新しく生まれること」また「新しい創造」と表現しています。キリスト教徒になるということは、人がこの世に生まれてくることと似ているのでしょう。わたしたちの誰一人として、自分の意志で生まれてきた人はいません。親の意志でさえありません。人は誰もが、時代、家族、環境、人種、性別などを与えられて生まれます。それは、そのように「選ばれた」としか言いようがないことです。

わたしたちの救いも、新しく生まれるという意味で、同様です。自分の立派さや優秀さに基づくのではなく、まったく神の恵みによる選びとしか言いようがないことです。だからこそ、わたしたちは自分を誇るのではなく、ただ神に感謝するだけです。

神による選びは、わたしたちを賢さや能力において特権階級にはしません。神による選びは、わたしたちに成功や繁栄を約束もしません。それは、わたしたちを「神の子」にするための、キリストにある選びです。誰でも、イエス・キリストを信じるなら神に選ばれているのであり、神の子にするために、神によって選ばれたのです。

だからこそ、わたしたちは何よりも最初に、まず神をほめたたえます。この世界の現実は、わたしたちを落胆させ、意気消沈させます。今起きていること、今この世界が向かおうとしている未来を考えると、わたしたちは不安になり、恐れが強まり、怒りさえ感じることでしょう。それがこの世界の現実ですから。

きょう、わたしたちは詩編42編を交読しました。この詩人はとても過酷な現実の中にいます。国が滅ぼされてバビロニア帝国の都に捕虜として連れてゆかれ、そこで捕囚生活を強いられています。バビロンの人々は捕虜をからかい、いじめて楽しんでいます。終わりの見えない捕虜生活は、ヘブライ人を怒りと憎しみ、そして希望のない深い嘆きへと落とし込みます。朝、目が覚めて最初にすることは嘆き。最初に心に湧くのは怒り。詩人も例外ではありません。しかし、それは神を信じる者の生き方とは違うのです。そのことを詩人は知っています。だから、詩人は過酷な現実の中にあって、そこからは逃避しませんし、目をそむけて見ないふりをすることもせず、むしろ、何を最初にすべきかを思い起こし、それを歌として人々に訴えかけるのです。

神を信じる民よ、なぜうなだれるのか。神を待ち望め。告白しよう、「神の御顔こそ、わたしの救い」と。そして天を仰いで呼びかけるのです。

わたしの神よ。

わたしたちは、困難な現実の中で生きています。問題、課題、不安、恐れ、怒り、嘆き、それらは現実です。まずそれらを呪い、悪態をつき、怒りをあらわにすることから、わたしたちは生きることを始めるべきでしょうか？

いいえ。わたしたちはイエス・キリストにおいて神に選ばれ、神の子とされています。そのことをいつも心に留め、魂に刻み、自分が何者なのかを常に思い起こしていましょう。神がわたしたちに、いったい何をしてくださったかを胸に抱きましょう。そうすれば、わたしたちは生きることを怒りや不満から始めません。魂の目を下に向けてうなだれ、意気消沈してしまうことをしません。わたしたちの救い主であるイエス・キリストがおられる天に目を向け、神の子とされていることを日々思い起こして、神をほめたたえることから、生きることを始めるのです。

いや、もっと正確な言い方をしましょう。わたしたちは、神をほめたたえることから、生きることを始めることができます。苦々しい顔や、文句の言葉から始めるのではなく、神をほめたたえることから生きることができる。それはなんという特権、なんという感謝でしょうか！

1・7～10

7～10節までは、3～6節と同様、長大な一つの文章によって構成されている。明らかに、耳で聞くだけでは理解の困難な文であり、エフェソ書は（コロサイ書と同様）読まれるための文書であったと考えられる。

7節

著者は神の選びを、キリストの血による解放（アポルトゥローシス、新共同訳は「贖い」と訳す）と関連づける。神によって選ばれたということは、キリストの血によって解放されたということに他ならない。この解放については、すぐに「罪の赦し」という語によって意味が補足されている。

「血によって」はヘブライの犠牲の伝統に基づく。罪過は他者に血の犠牲を強いることであり、それゆえ、「目には目を」「歯には歯を」の律法の原則に立てば、血（また血に象徴される他者の痛み）に対しては血をもってしか償うことができない。神殿祭儀としての犠牲は、自らの罪を動物の血によって贖うためのものであった。しかし、それは犠牲の血をささげることによって自らの罪過を自覚し、悔い改めて神の憐れみによる赦しを乞い願うということであって、罪からの最終的な解放にはならない。最終的な解放は、自らの血（あるいは人の罪過に対しては人の血）をもってしか得ることができないからである。自らの血によって、つまり死によって罪過の結果を引き受けるとしたら、それは死が最後の勝利者（ローマ6・21）になることであり、そこには裁きしかなく救いはない。わたしたちが究極の罪過の代償を負う代わりに、キリストがその血によってわたしたちの罪過の償いを成し遂げてくださった。キリストの血によって、わたしたちは解放を、すなわち罪の赦しを受けているのである。

ここで著者は明らかに、キリストによる救いを内的・霊的なことがらだけに限定することをせず、出エジプトの解放のような全存在的、歴史的な神の働きとしての救い（解放）を考えている。それは御子において実現したのであり、同時に、罪の赦しと無関係な解放でもない。しかし、このことはまた、「罪（パラプトーマ＝脇へ落ちること、堕落、違反）」が個人的な問題に限定されたりはしないことをも明らかにしている。罪は、全人類的、全歴史的な問題なのである。それゆえに、キリストによる解放（すなわち罪の赦し）は、10節で「あらゆるものが、キリストにおいて一つにまとめられる」こととして提示されるのである。

出エジプトが神の力による神の救いのわざであったように、キリストによる解放は神のわざである。それゆえ著者は、「神の豊かな恵みによるものです」と明確に表明する。キリストによる救いは、人間の向上心や自助努力、自己啓発などとは無関係なのである。

8節

「神はこの恵みを、あらゆる智恵（ソフィア）と思慮（フロネーシス）（という仕方）でわたしたちに満ちあふれさせ」。智恵と思慮の源はキリストに他ならない。著者が「知識（グノーシス）」ではなく「思慮（フロネーシス）」を用いているのは、なんらかのグノーシス主義的問題と関係があるかもしれない。いずれにしても、著者はコロサイ書と同じく、キリストにおいて神の恵みが満ちあふれている（この語は、あり余ってあふれ出る状態を想起させる）ので、たとえばグノーシス主義的な「秘密の知識」など、他のいかなるものによっても補完する必要がないという事実を読者に指摘している。

9節

神は「神の意志の奥義（ミュステリオン）を、彼（キリスト）においてあらかじめ定めてあった、彼（神）の良しとするところに従って、知らせ（グノリサス＝アオリスト分詞）」。

「奥義」はキリストによる救いの働き全体を指す。ここで著者は、キリストの救いが人間の知恵と配慮によって獲得できるような哲学的知識ではないことを示す。それはあくまで、神によって開示されないかぎり知ることのできない「奥義（ミュステリオン）」である。しかし同時に、この奥義はキリストにおいて完全にあふれるほどに与えられ知らされているのであって、キリストの恵みで十分に受けることができるはずのものである。そしてキリストの恵みは、すべてキリストにおいて神の主権的統御のもとにあるので、そこにはなんらの人間的あるいは魔術的な操作も必要なく、無意味である。

10節

「(あらゆる)時間(的局面)(カイロスの複数形)が満ちること(成就完結する＝プレーローマ)が(神によって)管理されて」。

神の救いの奥義は明らかに歴史全体と関連している。神は歴史の中であらゆる救いのための働きをおこない、それらがすべて神の意志のもとに秩序立てて管理(オイコノミア)されることによって、最終的局面での成就に至る。

救いの最終的な完成とは、「すべてのものをキリストにおいて一つにまとめることである。(すなわち)彼において、天にあるものと地にあるものを」。

新共同訳は「頭である」を補足しているが、原文にはない。アナケファライオーシスが明らかに「頭(ケファレー)」と関連していることから、このような補足がなされたのであろう。

「一つにまとめること(アナケファライオサスサイ)」は、ギリシア語としてはまれにしか使用されない語である。そこに含まれる意味としては、最終的に個々の別々な事柄が全体としてまとめられ統合されることを意味する。事柄の一つ一つを見るだけでは理解できないが、最終的に統合され一つにまとめられると、その全体の中で個々の事柄もまた意味がわかるということである。これは歴史の意味および世界の諸々の現象と関連している。すなわち、世界は個々の現象の集まりあるいは連続にすぎず、全体としての意味は存在しないのか。それとも、最終的に一つにまとめられるものであり、その最終的な統合においてすべてのことの意味が知られるようになるということなのか。著者は、この問いに対してこう答えている。あらゆるものが「キリストのもとに一つにまとめられるのです」と。

このことは、読者に二つのことを明らかにする。第一に、この世界すべてと歴史全体は、キリストという最終的な統合点を目指しているということである。あらゆる出来事も現象も、すべてはこの統合において意味を持っているし、最終的にその時にあらゆる断絶、隔たり、分断が除かれる。その意味において、世界もわたしたち自身も、無意味な時を過ごしているのではないし、たとえ現実はまったく無秩序であり混沌と破壊に支配されているように見える時があるとしても、その混沌や破壊も、キリストにおける統合を妨げることはできないのである。第二に、キリストを信じる者は、キリストにおいて一つにまとめられる、その究極の点を目標として生きるべきだということである。教会は神との統合、人と人との一致をこの世において実現している新しい共同体である。

説教　世界の希望であるキリスト

エフェソの信徒への手紙1・7〜10
イザヤ書57・14〜15
ルカによる福音書24・1〜6
詩編100

復活祭、おめでとうございます。きょうは、わたしたちの主キリストがよみがえられたことを喜び祝う、教会の最も大切な祝祭日です。しかし、わたしたちはこの日、キリストの復活だけを祝うのではありません。きょうは、復活も含めて、キリストの生涯全体を祝う日です。なぜなら、主キリストの復活は、キリストの生涯全体が行き着いた到着点、いわばイエス・キリストの生涯そのものをまとめ上げる、レンズの焦点のような出来事だからです。

死からよみがえられたことを祝うのですから、主キリストが死なれたことを抜きに祝うことはできません。事実、主キリストが死ぬことなしには、復活はありませんでした。十字架の死なしに復活はなく、キリストの教えとおこないなしに十字架はなく、キリストがお生まれになることなしには、キリストの教えもおこないもなく、わたしたちを深く愛し憐れむ神の御心なしに、キリストが人となって世に来られることはありませんでした。キリストがよみがえられたということの中には、神の愛と憐れみ深さに根ざした、主イエス・キリストのすべてが集約されているのです。

きょうわたしたちは、キリストを通してなされた、神による救いの出来事全体を喜び祝います。キリストの出来事全体、降誕以前から復活までの全体が、わたしたちの救いのためであったことを、わたしたちは信じます。

「神による救い」。わたしたちは教会で、この言葉をよく使います。しかし、「救い」とはいったい何でしょうか。人はそれぞれの願望や欲望に基づいて、何が救いかということを自分で思い描き、追い求めます。豊かさに救いの望みを託し、経済力に依り頼もうとする人がいます。人々の上に立って力や権力を振るうことが、自分の存在を確かなものにすると考える人がいます。家族との幸せな時間こそが救いだと信じる人、健康でいることが救いだと思っている人がいます。

キリストが実現してくださった救いは、そのようなものとは違います。天の神と断絶し、神なしに生きていたわたしたちが、天の神と繋がれて、「我が神」「我が父なる神」と呼びかけることができる。それが救いだと聖書の全体がわたしたちに告げています。パウロは、エフェソ1・7で、その事実を簡潔に、こう述べています。

わたしたちはこの御子において、その血によって贖われ、罪を赦されました。これは神の豊かな恵みによるものです。

1・7〜10

ここには、「イエス・キリストを信じる」ということが、いったい何を信じるということなのかが要約されています。神の御子が人となって世に来られ、十字架で死なれ、陰府に降り、死人の中からよみがえられたのは、わたしたちを贖い、罪を赦すためでした。わたしたちはキリストという義人を信じているわけではありません。イエス・キリストという偉人・聖人を信じているのではありません。わたしたちを死から贖い、罪を赦してくださった救い主である、イエス・キリストを信じているのです。

キリストによって贖われ、罪が赦されたなら、いったいわたしたちの身に何が起きるのでしょうか。わたしたちだけでなく、この世界に何が起きるのでしょうか。パウロは、キリストによってわたしたちとこの世界に起きることを、10節でこのように言い表しています。

あらゆるものが、頭であるキリストに一つにまとめられます。

天にあるものも地にあるものもキリストのもとに一つにまとめられるのです。

「一つにまとめられる」と日本語に訳された言葉に、パウロは「アナケファライオー」という単語を使っています。ただ「一つにまとめられる」というだけのこととは少し違います。意味を汲んで説明する仕方で訳すなら、「上へと一つにまとめ上げられる」あるいは「上へと一つに統合される」ということです。つまり、天にあるものも地にあるものも、すべてが上、すなわち神へと繋がれて一つにされる。それが、キリストが天から地に降って来られ、教え、いやし、十字架にかかって死なれ、陰府にまで降り、死からよみがえられ、天に昇られたことによって実現したというのです。

地が天と繋がれ、一つに結ばれる。わたしと天におられる神がキリストにおいて一つに結ばれる。地上の世界が天の国と無関係ではなくなり、天の国に引き上げられる仕方で一つにされる。それがキリストによって実現したことです。そうであれば、天の現実が地にも実現することでしょう。天に満ちている愛と憐れみ、慈しみと平和が、地にも広がってゆくことでしょう。パウロはそうなることを明言するのです。

わたしたちが生きているこの世界は、罪深い世界です。罪のために地は神と断絶し、地は神がいないかのような世界です。天と地が断絶してしまい、人々は神なしに生き、神に反することをおこなって生きています。人は神の御心を知らず、願わず、地は不正と悪の満ちる所になってしまいました。天と地が隔てられ断絶しているだけでなく、人と人、人と自然の関係もゆがめられ、断絶させられています。互いに疑い、互いに恐れ、敵意を抱き、傷つけ合い、損ない合い、破壊しあっています。それが世界の現実の姿であることを、わたしたちは知っています。そのような世界、そのような人々の間に、主キリストは来られました。何をするためでしょうか。御子による贖いと罪の赦しによって、天と地の断絶、人と人の疎外と孤独を取り除き、天の現実へと引き上げる仕方で一つにまとめるためです。

キリストにおいて、天と地の断絶が取り除かれ、一つに結ばれました。キリストにおいて、わたしたちは罪の奴隷から解放され、キリストとの絆によって神の子とされました。わたしたちに天の国の国籍が与えられ、神の民とされました。それだけでなく、人と人の間にある不信と敵意が取り除かれ、和解し、兄弟姉妹として受け入れ合い、一致を作り出すことができます。キリストの贖いと赦しによる新しい人間関係が実現したのです。もはや互いに裁かず、ねたまず、怒りを向け合わない関係、互いに恐れを抱かず、憎み合わず、赦し合い、受け入れ合う関係。天の国で人と人が結ばれるような関係によって一つにまとめられる関係。そのような新しい交わり、新しい共同体が現実となりました。

ですが、この世界のどこに、そんな社会、そんな共同体があるというのでしょうか。世界の現実は、そんな理想とは、かけ離れています。キリストが実現した新しい共同体、新しい関係は、いったいこの世界のどこにあるというのでしょうか。キリストは神の圧倒的な力で、暴力的に世界を一つにまとめませんでした。力ずくでキリスト教国家を世界に押しつけたりはしませんでした。むしろ、一人一人の魂に呼びかけ、精神に働きかけ、キリストを信じる信仰を抱かせ、教会という新しい共同体をこの世界に作り出すことによって、天と地を上へと一つにまとめようとしておられます。それは遅々とした歩みです。キリストから二千年かけても、今の世界が現実です。また教会は罪深い人間の集まりですから、失敗と挫折、過ちを繰り返してもきました。それでも、わたしたちは教会に集い、教会において互いに赦し、和解し、信頼し合い、共に喜び共に悲しみ、愛と憐れみの絆によって天の神と一つに結ばれていることを信じて、キリストにおいて世界が一つにまとめられる働きを担うのです。

キリストにある和解がこの世界において実現しないなら、この世界はいっそう敵意と対立の闇に飲み込まれてしまうからです。キリストにある赦しが願い求められないなら、この世界は憎しみと報復の暴風にさらされ続けることでしょう。キリストにある平和が祈られないなら、この世界は冷淡と無関心が広がる荒れ野になることでしょう。

ですから、わたしたちは心に確信を抱いていなければいけません。キリストこそ世界の希望だという確信を。教会は、そのような希望を現実に生きている人々の群れでなければ、この世に教会として存在する意味はありません。教会の中にだって、時として争いやすれ違いが生じます。対立や怒りが互いに向けられることはあります。ですから、キリストによって贖われ赦されていると信じる時だけ、その時だけ、教会はそのような争いや対立や怒りを静めて、赦し合い、和解し、同じ道を共に歩むことができるようになります。それは間違いなく、やがて世界全体に広がってゆくべきあり方です。

ですから、教会は砂漠の中にある泉のようです。荒涼とした世界から泉のほとりに集められ、そこでわたしたちは命の水にあずかって喜び、やすらぎを得ます。そして、この泉のほとりが少しずつでも世界に広がり、天の神の現実、キリストの御心が、この世界に広がってゆき、世界が一つにまとめられるようになることを待ち望みます。それがよみがえられたキリストを信じるわたしたちの祈りです。

わたしたちは文字通り、御心が天におこなわれるように、地にもおこなわれますようにと祈り、キリストが世界の希望であることを世に証しし続けてゆくのです。いつかそうなる。わたしたちはそう信じ、祈りながら、天と完全に一つにまとめられる時まで、この世を旅してゆきましょう。

1・11～14

11～14節は、10節で論じているいわば宇宙論的な救済が、キリストを信じる者たちにとって具体的にどのようなことかを明らかにする。ここでパウロは、神の救いの計画という大きな働きが、信じる者たち一人一人にとってどのような体験となるかを説明している。

12節までは「わたしたち」という主語で表現し、13節で「あなたがた」と主語を変えて語る。マルクス・バルト（Anchor Bible, p.76, 92）が指摘しているとおり、「わたしたち」とはユダヤ人を指し、「あなたがた」は異邦人を指すと解釈できるかもしれない。この解釈は、エフェソ書全体の救済と和解の神学と合致する。しかし、むしろ著者はパウロを念頭において、福音を伝えた側としての「わたしたち」と、伝えられた側としての「あなたがた」という仕方で区分していると考えるべきかもしれない。「わたしたち」の信仰的体験と、「あなたがた」の信仰的体験が、異なる表現を用いながら内実において同一であることを示そうとしている。「わたしがあなたがたに伝えたのは、わたしも受けたものです」（一コリ15・3）というパウロの言葉のように、福音の伝達と救いの体験の受け渡しを意図しているのであろう。

この箇所は11～12節と、13～14節という並列的に構成された二つの部分からなる。構造的にも両者は並列関係を意識している。

11節

ここでもまた、著者は「神の意志による目的に基づいてすべてのことをおこなう神の計画によって予め定められて、わたしたちは選ばれた（呼び出された）」。動詞「クレーロオー」の意味ははっきりしない。原意は「くじを引いて決める」だが、「選ぶ」「呼び出す」としばしば解釈される。おそらく著者は、それが神の行為であって、くじを引く（賽を投げる）ことと同じく、完全に人の意志や作為を超えていることを示すために、この用語（新約聖書では唯一の使用例）を用いたのであろう。「くじを引く」という動詞が受動態であることを考えれば（直訳すれば「わたしたちはくじで引き出された」）、「くじ」を引くこと自体が神の行為であり、救いも選びもすべて神に帰されることになる。

エフェソ書の著者は、やはりここでも「キリストにおいて」という語（エン・ホー）を最初に置くことによって、この恵みへとわたしたちが選ばれたこと自体、キリストに基づくことを明らかにするのである。

12節

著者はここで、神の恵みによる選びの目的を明らかにする。「わたしたち」すなわち「ずっとキリストにおいて希望を抱き続けてきている者たち」（プロエールピコタスのプロについて、「前もって」「強調」いずれの解釈を取るかは、見解が分かれる。ここでは強調と解釈して、「ずっと」と訳した。岩波版は「強い希望」と訳す）の目的は、「わたしたちが」「神の栄光をたたえるため」である。ただし、神の栄光をたたえるということは、言葉や儀式などだけを指してはいない。万物がキリストにおいて一つにまとめられることが、神の栄光を表すということである（10節）。

ここまで、著者は一人称複数で語る。自分たちの信仰が何をもたらしたかを明確に相手に伝えることが意図されている。

13節

ここから、著者は二人称複数「あなたがた」に主語を切り替える。「キリストにおいてお選びになった」（4節）、「血によって贖われ」（7節）といったことが、具体的にはどのような過程を経て「あなたがた」のものになったのかを、著者は要約して再確認する。「キリストにおいて、真理の言葉、救いをもたらす福音を聞き」、「信じ」、「約束された聖霊で証印を押されたのです」と。

著者は文章を分断する形で、「真理の言葉」と「救いをもたらす福音」を並置する。その意図はおそらく、教会の中で聞かれる「真理の言葉」が拡大解釈されず、「救いをもたらす福音」という限定された、そして教会の中で重んじられ、教会を支配する唯一の恵みの力のみを指すことを明確にしたいからであろう。実際、教会は「真理の言葉」ということの意味を誤り、教会の中に、そして教会の教えの中だけにあらゆる真理があると見なし、他の宗教や文化を否定してきた歴史がある。教会で語られるべきは「救いをもたらす福音」であり、聞かれるべきは「救いをもたらす福音」でなければならない。その他一切のことは福音と比べれば相対的なものにすぎない。相違点や多様性が教会の中にあるとしても、そのようなことをはるかに超える福音を求めて、教会は一つになるのである。実際、すべてのものがキリストにおいて一つにまとめられるのは、福音のみによる。

「約束された聖霊によって証印を押された」は、わたしたちの福音の確信が、自身の判断や意志的決定だけに依存してはいないことを明確にする。神の霊が、わたしたちの支えであり、神のものとされていることの保証である。

14節

聖霊による証印の意味を、著者は「御国を受け継ぐための保証」と規定する。荷物が封印される時、その所属を明確にするため、蝋を垂らしてそこに指輪の印を押した古代の習慣を象徴的な説明として用いている。聖霊が神の民であること、すなわち信じる者の所属を明らかにする証印なのである。ここで著者は、ふたたび「わたしたち」という一人称複数に戻るが、もはや「わたしたち」と「あなたがた」という区分は除かれ、「わたしたち」の中にエフェソの人々すなわち13節で「あなたがた」と呼ばれた人々も含まれる。伝えた者、伝えられた者それぞれの共通する信仰的体験は、等しく「神の栄光をたたえる」ことにおいて一つとなるからである。

説教　わたしたちからあなたがたへ

エフェソの信徒への手紙1・11～14
イザヤ書61・1～4
ルカによる福音書24・28～32
詩編84

きょうのエフェソ書の箇所は、なんと美しいことでしょう。ギリシア語の原文で説明できないのが残念です。

とても美しい文体、すばらしい形式美で描かれています。二つの部分に分かれています。前半を「わたしたち」、後半を「あなたがた」という言い方で区別し、両方を対にして比較しながら、二通りの仕方で並列的に、美しく形を整えて一つのことを語るのです。

なんでパウロは、こんなに凝った仕方で注意深く、この箇所を書いたのでしょうか。ある重大なことを、明確に告げようとしたからです。それは、「わたしたち」がキリストにあって体験したことは、「あなたがた」がキリストにあって体験したことと同じだということです。

人はよく、「わたしたち」と「あなたがた」という仕方で区別します。「わたしたち」とは、わたしの仲間。「あなたがた」とは、わたしとは異質の人々。それが味方と敵になり、信用できる人と信用できない人になり、こちら側の人とあちら側の人、愛する仲間と憎む敵の区別を作り出します。パウロは、キリストにあって、その断絶が除かれた事実を告げるのです。

パウロはここで、福音を宣べ伝えたパウロ自身と仲間たちのことを、「わたしたち」と呼びます。福音を伝えられたエフェソの人々は「あなたがた」と表現しています。宣べ伝えた「わたしたち」と、宣べ伝えられた「あなたがた」。彼らの間には違いや優劣があるのでしょうか。深い断絶があるのでしょうか。

日本にキリスト教が伝えられたことを考えてみましょう。キリスト教は最初から、「西洋の宗教」「欧米の信仰」と言われてきました。「外来の宗教」というレッテルが常につきまといました。確かに、日本にキリスト教を伝えたのは、西欧の宣教師であり、特にアメリカやイギリスから来た人々でした。しかし、アメリカ人の信仰と日本人の信仰の間に違いはありません。日本社会がとても国粋的、民族主義的、排他的であったため、そのように見なされ続けてきただけのことです。

教会は最初から、信仰は一つ、救いは一つ、同じ主キリストに属する、同じ神の民であることを信じてきたのでした。わたし自身、教会の用事でいろいろな国に行きました。諸国のキリスト教徒たちと出会い、交わりました。アメリカ人であれ、中国人であれ、ドイツ人であれ、フィリピン人であれ、タイ人であれ、ブラジル人であれ、オランダ人であれ、黒人であれ、白人であれ、ラテン系であれ、アジア系であれ、それらの違いを超える共通の絆、キリストという絆によって、神の民、神の家族、兄弟姉妹であることを実体験してきました。

古代世界でも、同じことが起きたことでしょう。エフェソでもそうであったに違いありません。エフェソはギリシア人の都市であり、ローマ帝国の主要都市でした。そこに、ユダヤ人であるパウロと仲間たちがキリスト教を伝えました。伝えたのはユダヤ人。伝えられたのはユダヤ人ではないギリシア系の人々。パウロは自分たちのことを「わたしたち」と呼び、エフェソの人々を「あなたがた」と呼びます。両者を区別し、違いがあることをはっきりさせるためでしょうか？

いいえ、逆です。パウロがここでとても美しい形式の文体を使って告げるのは、わたしたちとあなたがたの信仰には、区別がなく、両者の間には溝がないことをはっきりとさせるためです。「わたしたち」と「あなたがた」の間には区別も溝もない。そう断言できるのは、両者の間に信仰体験において区別がないからです。「あなたがた」がキリストにおいて体験していることは、「わたしたち」がキリストにおいて体験したことと同じだ。それがこの箇所でパウロが言いたい最も重要なことであり、その事実をパウロは、異なる表現で言い換えて、いっそう深みのある仕方で明らかにしています。

わたしたちの体験と、あなたがたの体験が並列的に比較されています。神の御計画によって前もって定められたとは、真理の言葉、救いをもたらす福音を聞くことであり、約束されたものの相続者とは、聖霊による証印と保証を受けた者のことであり、キリストに希望を置くことは、贖われて神のものとされることであり、そして、「わたしたち」も「あなたがた」も、同じく神の栄光をたたえる者とされているのです。キリストを信じることによって起きることは、「わたしたち」と「あなたがた」の間に何の違いもなく、同じ信仰体験、同じ救いの出来事を体験するということです。

だからこそ、どんな違いがあるとしても、キリストにあっては一つの霊に結ばれて、「聖なる民に属する者、神の家族」（2・19）とされています。この事実こそ、パウロの確信であり、パウロが最も語り伝えたいことでした。というのは、人は誰でも人と人を区別し、溝を作り、壁を築き、断絶し疎外し合う存在だからです。そのために、どれほどの苦しみ、どれほどの悲しみ、どれほどの迫害や弾圧、いじめや差別、敵対や憎悪が生み出されてきたことでしょうか。どれほどの殺戮、戦争、虐殺がおこなわれてきたことでしょうか。

人は自分の仲間と、仲間ではないと見なす人々との間に溝を作ります。きのうまでの仲間が、きょうは罵り合う関係になります。自分とは異なると思う人々との間に溝を作って拒絶し合います。人種で、民族で、言葉の違いで、文化の違いで嫌悪したり排斥したりします。学歴、貧富の差、職業、その他あらゆることで差別します。学校で、隣近所で、職場で、地域で、国家で、日常茶飯事に起きます。それらが人間同士のあらゆる争いや対立を生み出し、憎悪、恐れ、不信、敵対、いじめ、排斥の原因となっています。キリストを信じるということは、そのような違いや区別がなくなるのではなく、ほとんど意味がないほど些細なものとなるまでに、圧倒的な同じ体験を持つ者とされ、その同じ救いの体験、同じ恵みの体験によって一つに結ばれることです。人間的な違いや区別を凌駕する救いの体験により、その同じ体験、同じ確信こそが最も重要で大切なことだと信じて、共に祈り、共に喜び、共に悲しみ、共に生きるようになるのです。

　そのような交わり、そのような人々の集いを、パウロは「教会」と呼びました。教会で一つに結ばれ、わたしたちは同じ天の国籍を与えられ、神の国を受け継ぐ者とされています。そして、何よりもすばらしいことは、どこの国の人かとか、豊かか貧しいかとか、賢いかどうかとか、健康か病人かとか、偉いかどうかなどに一切関係なく、わたしたちは誰もが皆、同じ生き方を願いとする者とされたのです。

　わたしたちは互いに、誰にも恥じない、喜ばしい目標を目指しています。神の栄光をたたえるという、この命の最もすばらしい用い方を目指して、わたしたちは生きることができるのです。

1・15〜23

15〜23節も、前の部分と同様に長大な一つの文章である。この箇所もまた、会衆の前で朗読されるよりもむしろ、文字文書として読まれることを前提とした手紙であることを推測させる（ただし、ネストレ27版では、19節の終わりで文章を区切り、この箇所を二つの文に分割している）。こうした「長大で複雑なギリシア語文」は、ラルフ・マーティンによれば「典礼という生活の座に由来することを暗示する」（現代聖書注解、51頁）。この指摘もまた、エフェソ書がパウロ以後の書簡であることを示唆している。

まず15節で神への感謝が述べられ、続いて16節で神の栄光がたたえられる。そして17〜19節までにおいて、読者のための祈りが続く。

15節

「こういうわけで」によって、著者はここまでの議論を具体的に著者自身と読者へと結びつける。14節までの確信に立って、著者は読者に対するとりなしの祈りを語るのである。

「愛」という言葉は、重要な写本（p[46]、シナイ写本第一筆記者、アレクサンドリア、バチカン写本など）にはない。その場合、「信仰」はイエス・キリストに対する信仰とすべての聖なる者たちへの「忠実さ」という二重の意味を担っていることになる。おそらく、後の写筆家が聖なる者たちへの忠実さを愛と解釈して、「愛」を補ったのであろう（M.Barth, p.146）。並行するコロサイ1・4では信仰と愛について言及されている。著者は、エフェソの人々の信仰と愛について聞き及んでいる事実に基づいて、以下の祈りをささげるのである。この箇所の記述の仕方は、明らかに著者（パウロ）が手紙の読者を直接知らないということを前提としている（Barth, p.147）。

16節

「絶えず感謝しています」は直訳すると「あなたがたのために神に感謝することを止めない」。ここで著者は絶えず思い起こすという行為をどのような状態でおこなうかを細く描写している。「わたしの祈りの中であなたがたのことを思い起こすことを作り出しながら」。この表現は、ローマ1・9、一テサ1・2、フィレモン4などパウロの手紙に見られる。相手の存在（キリストにある者とされている事実）を感謝することから始めるというのは、人々に対するパウロの牧会的愛の具体的表現であり、その伝統がここでも生かされている。

17節

ここから具体的なとりなしの祈りの内容に入る。19節までのとりなしは、教会が教会としての意義と目的を保ち続けてゆくためには、何が本質的に必要なことなのかを明らかにしている。この箇所で祈り求められていることが、教会の中で祈り求められ、実現しているかどうかが、教会にとって致命的なことがらである。

「ヒナ」節によって導入される祈りは、「わたしたちの主イエス・キリストの神」と「栄光の父」を並置する形で神にささげられる。ヒナを受ける動詞は「与えてくださるように（ドーエー）」。これは希求法ではなく接続法と解釈すべきであろう（Barth, p.148）。

17〜19節までは、どこで区分するべきかの判断がきわめて難しい箇所である。「智恵と啓示の霊」で区切り、「神を深く知る」（直訳では「彼（神）を知る知識において」）ことを霊の目的と解釈する立場は、M・バルトや新共同訳、岩波版など、多くの解釈者が取る立場である。

「心の目」は物理的な物事を見る目とは別の、本質を見る目を指す。真実の光に照らされる時、内的な目は真理を見る（プラトン）。

18〜19節

ここで著者は、教会のための三つの祈りを掲げる。目的を表す不定詞によって、何を知るべきかが祈られる。教会は次の三つを知ることが死活問題である。

・「神の招きによってどのような希望が与えられているか」〈希望〉

・「聖なる者たちの受け継ぐものがどれほど豊かな栄光に輝いているか」〈栄光の豊かさ〉

・「わたしたち信仰者に対して絶大な働きをなさる神の力が、どれほど大きなものであるか」〈神の力の絶大さ〉

20〜23節は、19節までの祈りのキリスト論的な根拠を提示する。祈りからそのまま移行するこの箇所は、ＵＢＳ第三版では19節までの部分に続いて一つの文章と見なされている。ネストレ27版では、19節と20節以下を別の文章として区切っている。バルトが指摘するように、20～23節は復活賛歌かもしれない（p.153f）。

20節

19節で著者が言う「信仰者に対して絶大な働きをなさる神の力」は、どの程度のものなのか。それに対する答えが20節で与えられる。信仰者に対して働く神の力は、キリストを復活させた神の力に他ならない。さらに、その力はキリストの復活にとどまらず、「天においてご自分の右の座に着かせ」た力である。

21節

「神の右の座」は「すべての支配、権威、権勢、主権、あらゆる呼ばれるべき名」の上に置かれている。しかもそれは「今の世ばかりではなく、来るべき世においても」そうである。著者はキリストが神の右の座に着いたという高挙の事実から世界を見ている。現実が決して、すべて実際にキリストの支配に服しているわけではないことは、著者自身よくわかっている。目に見える現実世界に、キリストの高挙の事実が反映されてはいないとしても、キリストが天におられるという事実は揺らぐことがないのである。

ここで著者は安易な楽観主義を掲げているわけではない。悪の力は現実の中で強力に働いている。しかしそれでもなお、最終的な帰結はキリストの支配がすべてにおいて完成することにあると、確信しているのである。

「今の世」と「来るべき世」は、現在と未来の世を指すと見なされうる。もしそうだとすれば、エフェソ書の「実現した終末論」とは適合しない。この問題は、20節以下の賛歌がエフェソ書に引用された著者以前のものであり、エフェソ書の著者との神学的相違を含んだままでエフェソ書に引用されたと解釈すれば、説明がつくことになる（Barth, p.155）。しかし、ここで「来るべき世」は単数であるものの、2・7では「来るべき世々」と複数形で表現されている。したがって、エフェソ書の著者は単純な「二つの世界」論、すなわち今の世と来るべき世という二分化を主張しているわけではない。キリストの名がすべてのものの上に置かれているという事実が覆されることのないものであることを告げようとしているのである。この世界においては、現在はもちろん将来も、悪の力が働いていることに変わりはない。しかし、天上のキリストを見上げる者は、そこにおられるキリストの力がすべての悪をしのぐものであることを知っているのである。なぜなら、キリストはよみがえらされ、天の神の右に座しておられるからである。

22節

「すべてのものをキリストの足もとに従わせ」は、直接的には詩編8・7の引用であり、一コリ15・27とも関連している。ただしパウロが未来の希望として語っていることは、エフェソ書の著者にとって現在のことがらである。ここでも、天上の現実と地上の現実とはまだ一致していないことを実感させられる。教会は、地上の現実と天上の現実が一致するように定められた時の経過の間を生きているのである。

キリストはすべてのものの上に立つが、その支配は地上においてまだすべてのものの現実とはなっていない。万物の上に立つキリストが頭として直接結びついているのは、教会なのである。教会において、頭としてのキリストの恵みを受け取ることができる。

23節

教会はキリストの体であるという概念は、コロサイ書と一致する。万物はキリストの足もとに服従しているが、万物がキリストの体ではない。キリストが頭として体と結ばれているところの「体」とは教会である。教会において、キリストのすべての恵みが受け取られる。したがって、教会において受け取られるキリストの恵みは、何か別の教え、行為、儀式、習慣などで補う必要はない。教会生活において十分かつ完全に、キリストの恵みと救いは受け取られるからである。

説教　神よ、われらの目を開き、

エフェソの信徒への手紙1・15～23
列王記下6・8～17
ルカによる福音書24・36～43
詩編24

わたしたちは、いつも礼拝で聖書を四箇所読みます。きょう礼拝の始めに、ルカ福音書24・36～43を読みました。詩編24編を交読し、旧約から列王記下6・8～17、そして新約のエフェソの信徒への手紙1・15～23を読みました。これら四箇所には、共通する一つの主題があります。それは、「心の目が開かれる」ということです。交読した詩編24編は、とても勇ましい歌です。

城門よ、頭を上げよ
とこしえの門よ、身を起こせ。
栄光に輝く王が来られる。
万軍の主、主こそ栄光に輝く王。

王である神が都に入って来られるというのです。しかし、この詩を歌った詩人の現実はどうだったでしょうか。神が栄光に輝いてエルサレムに入城するのを見ることはありませんでした。それでは、詩人は根拠のない、ただの空想を歌ったのでしょうか。いいえ、そうではありません。詩編の詩人は、信仰の目を天の神に向けて、いつの日か、神が来られる時が来ることを信じ、今自分の目で実際にそれを見てはいなくても、未来の希望を信仰の現実として歌ったのでした。それは「潔白な手と清い心を持つ人」、「主を求める人」だけが、信仰の目によって見ることのできる幻です。

きょうの旧約聖書の箇所は列王記下6章でした。預言者エリシャとその召し使いの体験が物語られています。イスラエル王国と戦っていたアラムの王様が、めざわりな預言者エリシャを殺そうとして大軍を送り込みました。夜の間にエリシャのいる町はアラム軍に包囲されてしまい、エリシャの召し使いは激しい恐怖に襲われました。そこで、エリシャは神に祈ります。

主よ、彼の目を開いて見えるようにしてください。

そして、目が開かれた召し使いが目を上げると、彼は見るのです。火の馬と戦車の天の大軍がエリシャを囲んで山に満ちているのを。心の目が開かれる人にしか見えない天の大軍を、彼は見たのでした。この世の現実とは異なる、非現実的な神の現実です。

ルカは、よみがえられたイエス様の物語を伝えています。主イエスは弟子たちの心の目を開いて、弟子たちが証人となって、罪の赦しが世界に宣べ伝えられることを悟らせたのでした。

そして、エフェソの教会に宛てた手紙のきょうの箇所で、パウロはエフェソの人々の心の目が開かれるようにと祈りました。

「心の目が開かれる」。それは、いったいどういうことなのでしょうか。わたしたちは日々、いろいろなことを見ています。わたしたちの周囲で起きていることはもちろん、世界のあちらこちらで起きていることを見ます。テレビ、新聞、またインターネットを通じて、ほとんどあらゆることを見聞きすることができます。あまりにたくさんのことを見せられるので、価値ある物とがらくた、重要なニュースとゴシップの区別なしに、情報の洪水に押し流されそうです。それらの情報はわたしたちに、現実をいやというほど見せつけます。あるいは、現実ぶったもの、現実だとして押しつけられるものを、わたしたちは有無を言わさず詰め込まれています。

しかし、まさにそこに問題があるのではないでしょうか。わたしたちはこの世の現実にさらされ、迫られ、現実漬けにされて、現実、あるいは現実だと思い込んでいるものしか見ないという問題です。「そんなことはない、わたしは夢を持っている」という人はいます。「夢を追い求めれば、いつか夢は叶う」と歌う人もいます。でも、その夢とは、結局、とても現実的なものがほとんどです。歌手になる夢、タレントになる夢、音楽家になる夢、金持ちになる夢、自分の家を持つ夢、世界一周旅行をする夢、宝くじが当たる夢……。どれも、なんと現実的なことでしょうか。

わたしたちは、現実の中で生きていて、現実的なことばかりを追い求め、現実的な夢だけを見て生きています。それが賢い生き方だと思わされているからです。確かに「地に足を付ける」ことと、「現実的になる」ことは必要です。しかし、この世の現実だけしか見ていないとしたら、わたしたちはいったい、どうなるでしょうか。神を信じることに意味も価値も見出さない人になることでしょう。そして、この世の現実の中だけで生き方を決めることでしょう。神を考えず、神の御旨を尋ねることなしに生きることでしょう。

それは究極的には、世界を力と力の対抗という理屈で見ることであり、世界を競争の原理で判断するようになることです。たとえば、軍事的脅威に対しては、軍事力での対抗が現実的だと考え、世界に相互不信と対立をいっそう広めることになるでしょう。神が告げ知らせる夢と幻を非現実的だとあざけることでしょう。神の国の希望と理想を、現実を見ない人の戯言として葬るのです。だから、昔の預言者は迫害され、代々の聖徒はあざけられ、神と天皇とどちらが偉いのか答えろと要求され、危険思想の持ち主と見なされ、非国民扱いされてきました。

しかし、信仰を持つ人が現実しか見なくなったら、信仰者ではありません。神を信じる人は、非現実的なことを現実だと信じます。わたしたちはキリストが神の御子だと信じます。キリストは死からよみがえられたと信じています。罪が赦され、神の子とされていることを現実だと信じます。わたしたちの本国は天にあると信じています。信仰とは、わたしたちが目にする世界の現実を超えた、神のわざ、神の力、神の救いの働きを見るということです。信仰とは、この世の現実だけしか見ないことを止めて、神から来る夢を見、神が告げる幻を語り、天の神の現実を望み見て生きることです。それは神の霊の働きがなければできないことです。だからこそ、パウロは祈りました。「神が心の目を開いてくださるように」と。

神が心の目を開いてくださるなら、わたしたちは見ることでしょう。神の招きによる希望、すなわち神の子とされる喜びの知らせを。信仰者が受け継ぐものの豊かさ、すなわち天の国の幸いを。わたしたちに対する神の力の絶大さ、すなわち神の恵みと祝福を。神が、わたしたちの心の目を開いてくださるなら、わたしたちはこの世の現実では計り知ることのできない、神による恵みと救いの現実を見ることになります。

そんなものは、根拠のない妄想、空虚な願望にすぎない、そのように思うでしょうか?

この世の現実しか見ない人は、そう言うことでしょう。しかし、パウロは信仰に根拠があることを断言するのです。その根拠とは、最初の使徒たちはもちろん、パウロ自身が体験したことです。

神は、この力をキリストに働かせて、
キリストを死者の中から復活させ、
天においてご自分の右の座に着かせ、
すべての支配、権威、勢力、主権の上に置き、
今の世ばかりでなく、来るべき世にも唱えられる
あらゆる名の上に置かれました。

キリストを見よ。それがパウロの示す信仰の根拠です。

わたしたちはキリストを信じます。それは、世の現実だけでは見えない、神の現実を見て生きるということです。神が心の目を開いてくださる、その時だけ、わたしたちは神の現実を見ることができます。だから、わたしたちは祈るのです。「神よ、われらの目を開き、……」と。その祈りを心から祈るなら、神は祈りに応え、心も目を開いてくださいます。わたしたちは、この世の現実だけを見て生きることはしません。わたしたちは、神が見せてくださる、この世の現実とは異なる、神の力による現実を見ながら、この世を、信仰を抱いて生きるのです。

2・1〜10

著者はここでまず、キリストを信じる以前の人間の状態を手短に描写し、キリストによる救いが神の愛に基づく、恵みの働きであることを明らかにする。人間をその窮状から救い出すのは神の憐れみに他ならない。

1節

ここで著者は、主動詞なしに、対格（フーマース・オンタス）による「あなたがた」の状況描写から文を始める。この状態は5節の主動詞（スネゾーオピエーセン）に至るまで解消されない。この構造から、1〜3節までは「（神が）わたしたちをキリストと共に生かし」に至る前提を述べていることは明らかである。

「あなたがたは」という冒頭の言葉は、3節の「わたしたちも」と対をなしている。M・バルトは「あなたがた」が異邦人を指し、「わたしたち」はユダヤ人を指すと解釈している（p.211f）。しかし、これは著者が読者を論述の中に引き込むための意図的な修辞学的使い分けと考える方が良いかもしれない。

ここで1～3節で描写される人間（「あなたがた」「わたしたち」）の状態は、多くの人々に対して驚きの念をおこさせるであろう。おおかたの人間は、自分自身の状況をそれほどに悪くは考えていないからである。むしろ自分は比較的「まし」な方だとさえ思っている。そのような思い込みの背後には、人間社会の中だけでの「比較の論理」がある。周囲の他の人々と比べれば、自分はましだと考えるのである。著者がここで問題にしているのは、そのような人間の中での相対的な善悪や上下ではなく、対神関係である。

人は神によって創造され、神によって生きる者とされている。しかし、人の過ちと罪が、神との関係を断ち切った状態にした。命の神とのつながりを失った人間は、「死んだ状態」であった。それは物理的な死とは違い、霊的な状態を指す。しかも、著者はそれを「人は」という抽象的な表現で曖昧にしない。はっきりと「あなたがたは」と読者を指さすのである。したがって、読者はここで「人間というものは」といった漠然とした受け止め方によるオブラートに包むことはできない。指さされた者として、自分自身の問題として受け止めることが求められ、迫られるのである。「死んでいた」時の状態を著者は、2節で描写する。

2節

過ちと罪のために死んでいる人々の状態は、「この世を支配する者、かの空中に勢力を持つ者、すなわち、不従順な者たちの内に今も働く霊に従い、過ちと罪を犯して歩んで」いる。「歩む（ペリパテオー）」は生きる道を指す言葉である。人がどのような生き方をしているかが、死んだ状態を表す。

過ちと罪を犯して歩むことは、単なる人間の不完全さとか能力の不足に原因を帰することはできない。それは「人間だから仕方がない」という言い逃れへの余地を残さない。なぜなら、過ちと罪を犯して歩んでいることは、神とは対極の霊に服従し、その僕《しもべ》となって生きることを意味するからである。

著者は「この世のアイオーン」「空中に勢力を持つ支配者」という表現を併記する。これらが「カタ」（「〜によって」「〜に従って」）に導入される対格であるのに対して、2節cの「霊」は属格である。霊が直前の属格「空中の勢力（エクスウシアス・トゥー・アエロス）」を指すとするなら、その霊は特定の人々だけに影響を及ぼしたり関わりを持ったりするものではなく、世界全体をまんべんなく覆い尽くして、人々を等しく害している霊的な支配力ということになる。誰であっても、今も不従順な者たちの中に働く霊の支配から自由ではありえないのである。キリストによって解放されるのでないかぎりは。

3節

著者はここで「わたしたちも」と、過ちと罪を犯して歩んでいた者たちの主体を一人称複数に切り替える。バルトが主張するように、エフェソ書の主題をユダヤ人と異邦人の和解と捉えるなら、「わたしたち」をパウロも含めたユダヤ人と解釈することもできる。しかし、すべての人がそうであることを明らかにするために、「あなたがた」に続けて「わたしたち」と表現したと解釈しておく。過ちと罪を犯して歩んでいた時の状態は、「肉の欲望の赴くままに生活し、肉や心の欲するままに行動していた」。「今も働く霊」に従って生きていたということは、その霊による強制的な行為であって人間の責任が軽減されるということにはならない。それは具体的には自分たちの肉や心の欲望のままに生き、行動することだからである。著者は物質的快楽主義を指してはいない。人間の自己中心性が真の問題である。人は自分の欲求に基づいて考え、行動する。神に対してさえそうである。すなわち、自分が願望し、思い至る神のイメージを基準として、神を判断し裁くのである。そのために、人間は誰も皆、自分で自分の神を持つ偶像崇拝者である。

パウロは「わたしたち」が特別な存在ではなく、他の人々とまったく同じ状態であったことを強調する。「生まれながら神の怒りを受けるべき者」は直訳すれば「生来」「自然的に」。これが原罪の教理の根拠ともなってきた。しかし、著者はここで原罪論を念頭においているのではなく、人間の状態は部分的な改善によって改められるものではないということを言いたいのであろう。人間は全体としては善であり、汚染されている一部分さえ改良すれば大丈夫だというような、道徳的・楽観的宗教を厳しく断罪している。

人間は存在そのものが神との断絶の中にあり、空中の勢力を持つ支配者に隷属しているのである。人間存在そのものが悪霊から解放されないかぎりは、救いはない。

4～7節

著者は人間の窮状を簡潔に明記した後、「しかし、憐れみ豊かな神は」と劇的に論調を変化させる。キリストにおいて神を信じるようになる前と後を対比して描くのである。神と断絶し、悪霊に服従している人間は、本来は神の怒りと裁きの対象でしかない。しかし、神は「憐れみ深い」神である。この神の性質の事実を大前提として、人はキリストを理解し、自分の状態を考え直さなければならない。

著者は5節で「あなたがたは恵みによって救われた」と完了形を用いて説明している。救われたという事実はすでに完結している。わたしたちは救いへの途上にあるのではなく、救いのために努力しているのでもない。救われた者として苦闘しているのである。

8〜10節

著者はこの箇所で、恵みとおこないを対比している。人は何によって救われるのか。その根本には「救い」とは何かという意味づけが存在している。救いとは「自分は大丈夫だ」という自己肯定のことなのか。そうであれば救いは人間の主観的な気分によって左右されることになる。救いとは神によって自分の働きやおこないを評価されることなのか。そうであれば「わたしは救われている」という救いの確かさの確信はありえない。

もし救いが神に受け入れられることであるとすれば、救いはまったく神の側の行為であって、人の能力や働きがそれに貢献することはない。神の一方的な恵みとして与えられるものだからである。善い働きは、神に受け入れられている者であるという事実に対する感謝と共に、救いのためではなく、救いを受けているゆえにおこなうものなのである。

8節

「あなたがたは恵みによって、信仰を通して救われているのです」。「恵みによって」は手段を表す与格である。「信仰を通して」は前置詞「ディア」を用いる。こうして著者は、救いがまったく神の恵みの働きであり、人間的な行為は救いの根拠とはならないことを明言している。ここには「恵みのみ」という表現はないが、ルターの標語「sola gratia」はエフェソ書の指し示す確信なのである。その上で、「信仰を通して」と、恵みをとりつぐ媒介を示す。信仰が人間の行為と見なされて救いに人の行為が関与しているかのような考え違いを与えないために、「恵みによって」と同じ表現形式で「信仰によって」とは言わない。あくまで「信仰を通して」なのである。恵みは神から一方的に与えられるのであり、信仰は神の恵みがわたしたちに働く扉にすぎない。著者はこの働き全体を、「わたしたちから出たものではなく、神の贈り物です」と説明する。

9節

著者はくどいほどに、言い方を変えて同じことを繰り返し説明する。「おこないによってではない、誰も誇ることがないために」。人はあらゆるものごとを救いの根拠と勘違いする。律法遵守、善行、信心の深さ、誠実、正直、熱心、霊力、経済力、財産、家柄、血筋、教養、学識、地位、栄誉、支配力、権力、その他あらゆるものを自分の救いと誇りの根拠と考える。それら一切が救いの役に立たないことに気づくのでないかぎり、人は誇りから自由にはならない。結局偶像崇拝者なのである。

救いが自分の力とは無関係に、神の恵みのみから来ると知って初めて、救いについての誇りをすべて捨て去るようになり、感謝が生まれるのである。

10節

なぜ救いが神の恵みのみによるのであり、自分の働きで得られるものではないのか。著者はその根拠として驚くべき、そして単純明快な理由をあげる。「なぜなら、わたしたちは神につくられたものであり、……」。人間存在そのものが神によって造られたものであるとすれば、その人間がおこなうこともすべて、神の作品に属する。人がおこなう善行も善い精神も愛も憐れみも、神によって創造されたものがな為すことであり、神のものに他ならない。だとすれば、人はなんの誇ることがあるであろうか。

一切の善い働きは神があらかじめ用意しておられる、神の働きに属する。それゆえに、キリスト・イエスにおいて創造された神の作品であるわたしたちは、神の善い働きをおこなって生きるのである。善い働きの中を歩んで生きるために。

説教　Before, After

エフェソの信徒への手紙２・１〜10
ホセア書11・８〜９
ヨハネによる福音書３・16
詩編100

きょうの礼拝のため、エフェソ２・１〜10を読み、わたしはおもわず吹き出してしまいました。この箇所があまりに、あるテレビ番組にそっくりだからです。皆さんも一度や二度はご覧になったことがあるでしょう。古くて使い勝手の悪い家を、匠がすばらしい家にリフォームする番組です。

改装前の家がどんなにひどい状態かを見せることから始まります。そして、改装後にどんなにみごとな家になったかを紹介します。家の Before と After を対比して見せるのです。それはみごととしか言いようがありません。

きょうの聖書箇所で、パウロはそれと同じことをしています。キリストを信じるようになる前（Before）と、キリストを信じるようになった後（After）、その違いを、パウロは実に鮮やかに、みごとに対比して見せるのです。

パウロはまず、「あなたがた」がキリストを知る以前の状態、キリストを通して神を信じるようになる前がどうであったか、以前の状態を明快な仕方で描写します。

あなたがたは、以前は自分の過ちと罪のために死んでいたのです。

「死んでいた」というのはひどい言い方に思われるかもしれません。パウロが言いたいのは、未来の望みがない状態だったということです。人は誰も、死んだら、今よりも良い状態になることはありません。時と共に朽ち果ててゆくだけです。あなたがたは、以前はそういう状態であったというのです。それは、今のこの世における状態を超える未来がないということです。この世という限界を超えて、より良い未来の希望を抱くことがない。それが「死んでいた」という表現の意味です。この世がすべてなのですから、この世の枠組の中での希望、喜び、幸福を求めるだけです。そのような生き方をすることを、パウロは厳しい言葉で言い表します。

この世を支配する者、かの空中に勢力を持つ者、すなわち、不従順な者たちの内に今も働く霊に従い、過ちと罪を犯して歩んでいました。

古代のパウロ時代の表現なので、違和感を覚えるかもしれません。現代の言い方に直せば、「この世の価値観だけに基づいて生きていた」ということです。パウロは「あなたがた」（エフェソの人々）だけがそうだとは言いません。「わたしたちも皆」と、パウロたちも以前は同様であったことを告げます。

人は誰も皆、肉の欲、肉の思いに基づく生き方を追い求めている。その事実をパウロは明らかにします。

「わたしはそんなことはない」と言える人はいません。この世だけを考えて生き、この世の中において手に入るものだけを願い求め、望んで生きるかぎり、わたしたちは必ず、そのように歩むことになるからです。

人は皆、まじめに、真剣に、いっしょうけんめい、この世のことに没頭し、この世で手に入るものを追い求めて生きています。自分の幸福を得るために努力し、安全を守るために力を尽くし、より良い生活を求め、より豊かになろうと働き、快適さの実現をはかり、子どもの成功のために時間とお金をつぎ込みます。世間並みを目指し、周囲の人よりもましになろうと努め、人よりも幸福になりたい、多くを得たい、上になりたいと切に願います。パウロが肉の欲望、肉の欲する思いと呼ぶのは、そういうことです。

それら自体は、邪悪だとか願うべきではないというのではありません。それらが生きる目的、命の欲するものになってしまうことが問題です。それらを追い求めて歩んできた結果、人々が何を作り出し、どんな世界を形作ってきたのか。今の世界を見ればわかります。この世界の現実は、パウロが語るように、過ちと罪を犯して歩んできた結果に他なりません。世界の問題はどれも皆、人間の根源的なところに原因があります。人が、この世界の中だけで手に入るものを、自分がもっと多く、もっと豊かに獲得しようとして、争い、奪い、独占し、自分の豊かさに都合のよい仕組みを作り上げ、持つ者と持たない者、支配者と被支配者、勝ち組と負け組に世界を分けて考え、対立を繰り返していることに原因があります。それが、現在のわたしたちと世界の姿です。

古い家で、土台から崩れかけ、あちらこちらが傷つき、修理や修繕の可能性も見えないほどに痛んだ世界。それなのに今なお、その住民はこの世界の中で手に入るものを追い求め、自分がより多くを手に入れることを第一の関心事にしています。人が変わるしか、世界が変わる道はないのだと思います。そんな絶望的な世界、罪のために死んでいるわたしたちを、神はご覧になり、わたしたちのところに来られ、介入なさいます。神が手を加えて、新しく造り変えようとなさるのです。

どうして、神はそんなことをなさるのでしょうか。わたしたちの現実はあまりに古くて痛んでいて、修復不可能に思われます。パウロの言葉を借りれば、わたしたちは「死んでいる」状態です。いっそ、ぜんぶ壊して、新たに造り直した方が賢いとさえ感じます。神の怒りを受けるばかりの状態にあるわたしたちを、神はご覧になってどうなさるのでしょうか。神の対応は、驚くべきものでした。この古くてがたがたになった家を見る神は、怒りによって裁くことをせず、役立たずで修復が無駄な家として取り壊すのでもなく、まったく別の方策を取られました。それが聖書の語っていることです。「憐れみ豊かな神」が、わたしたちを憐れみ、その愛のゆえに救いの道を備え、わたしたちに介入して、わたしたちを新たに造り変えてくださるのです。

神はこの世を愛し、わたしたちをかけがえのない存在として慈しみ、壊すことをせず、滅ぼすことをせず、神の独り子、イエス・キリストをわたしたちのために遣わしてくださいました。古くてぼろぼろの家が、自分でみごとな家に変わることができないように、わたしたちも自分で自分を新たに生まれ変わらせることはできません。神だけが、それを成し遂げることのできる匠であり、神の恵みだけがそれを可能にするのです。だからパウロは、はっきりと告げています。「あなたがたが救われたのは恵みによるのです」と。

人はしばしば考え違いをします。救いとは自分が今よりも「良くなること」「ましになること」だと。自分で前よりも良くなることができたと考えて、だから神に頼る必要はないと思い込みます。この世界の中で今よりもましになったからといって、いったい何の違いがあるというのでしょうか。この世界の中で低所得者が中産階級になったからといって、中産階級が高所得者になったからといって、世間以下が世間並みになったからといって、世間並みが長者番付に載るようになったからといって、いったい何の意味があるでしょうか。この世を支配する力に従い、肉の欲を満たしたにすぎません。この世の中だけで考え、この世の中だけで生きるかぎり、わたしたちは死んでいるのです。

神の救いとは、わたしたちを生かすことです。神はわたしたちをキリストと共に生かし、この世を超えた先に望みを抱かせてくださいます。それは神の恵みによってのみ実現することであって、人の努力や働きで実現することはできません。パウロはそのことをいっそうはっきりとさせるために、「恵みにより、信仰によって救われました」と、もう一度同じことを別の言い方で繰り返しています。わたしたちが造り変えられることが、わたしたちの力や能力によるのではなく、全面的に、百パーセント神の恵みの働きであることを強調するためです。

わたしたちの Before がどんな状態であったかを語ったパウロは、神がわたしたちの内に恵みによって働いてくださった後、すなわち After について、続けて語ります。

罪のために死んでいたわたしたちをキリストと共に生かし、
キリスト・イエスによって共に復活させ、
共に天の王座に着かせてくださいました。

わたしたちの命の目標は、この世の何かで終わるのではなく、天の王座にあることを、パウロは告げます。この世の状態をはるかに超える、より良いものへと変化してゆくから、わたしたちは「死んでいる」のではなく「生きています」。わたしたちの望みは天にある。そう信じて生きることができる者とされた。それが、わたしたちの After です。

わたしたちはここで、不思議に思うことでしょう。なぜ神は、そんな死んでいる状態の廃屋、修理不可能としか思えないぼろ家であるわたしたちを、取り壊して無いものにするのではなく、ご自身で手をかけて全面的に修復し、新たに造り変えて生きた者になさろうとしたのでしょうか。取り壊して更地にした方が簡単なはずなのに。神がなぜそうなさらず、救おうとなさったのか。その理由を聖書は明らかにしています。きょう、預言者ホセアの言葉を読みました。ホセア書11：8には、神の思いが告げられています。

ああ、エフライムよ
お前を見捨てることができようか。
わたしは激しく心を動かされ、
憐れみに胸を焼かれる。

「エフライム」は、わたしたち自身に置き換えることができます。神はわたしたちのことを思う時、わたしたちが死んだ状態で罪の中に苦しんでいるのをご覧になる時、「激しく心を動かされ」「憐れみに胸を焼かれる」とまで言われます。いてもたってもいられず、手を差し伸べ、自分の命さえ惜しまず、たとえ火の中でも飛び込んでゆかないではいられない状態。そのような神の愛と憐れみが、死んでいるわたしたちに介入して救おうとする動機です。神が御子キリストを世に遣わしたのは、そうしないではいられなかったからです。

胸を焼かれるような憐れみを、愛するわたしたちにかけて、神はご自分の独り子を世に遣わされました。

わたしたちを贖い、ご自分のものとするために、神は御子の命さえ与えられたのです。神のそのような深い愛と憐れみを、ヨハネ福音書はこう表現しました（3・16）。

神は、その独り子をお与えになったほどに、世を愛された。
独り子を信じる者が一人も滅びないで、
永遠の命を得るためである。

今のわたしたちは、神の愛と憐れみの御手によって、全面的に新たにされています。神という匠の御手による After の状態にされています。それは根源的な変革であり、全面的な更新であり、パウロの別の言い方によれば「新しい創造」です。

以前は、わたしたちはこの世のことだけで生き、この世のことだけを求めていました。しかし今は、わたしたちはキリストと共に天の王座に着く身です。わたしたちの Before は、世の欲と肉の欲望の住処でした。しかし、神によって全面的に新たにされた今、わたしたちの After は、聖なる神の霊の住処とされています。

聖なる者とされたのは、それ自体が目的ではありません。わたしたちが神によって新しく造られたのは、神に喜ばれる善いわざをおこなって歩むためです。皆さんは一人一人例外なく、神の匠のわざによって新しく造り変えられています。そのことを喜んで思い起こしながら、善いわざをおこなって歩んでゆきましょう。

2・11～13

この箇所は、直接的にはイスラエルの民と異邦人の関係について述べている。しかし、ここで語られている事柄は、ユダヤ人と異邦人という枠組みを超えて、人類の連帯性と共存性を根拠づけることになるであろう。

著者はイスラエルの民と彼らへの神の約束を無視したり、無意味であったとは考えていない。むしろ、以前は契約の民と異邦人の間に決定的な違いがあったことを認めている。その上で、キリストによる救いの意味を示すのである。

11節

「それゆえ（ディオ）」は前節までの「恵みにより、信仰によって救われた」という議論を受けてのことである。この事実を思い起こさせた上で、異邦人と割礼を受けている者、すなわち非ユダヤ人とイスラエルの民が、キリストによって実現した神の救いの中で、どのような関係にあるのかを明らかにしようとしている。

この手紙のおもな読者は、ユダヤ人ではない。おそらく小アジアの異邦人キリスト教徒が対象である。彼らは「肉によれば」異邦人であった。「かつては肉によれば（ポテ・エン・サルキ）」は明らかに13節「今やキリストにおいて（ヌーニ・エン・クリストー）」と対比されている。「肉」はここでは生物学的な人種もしくは民族を指す。ただし、エフェソ書の著者は厳密に血縁に限定した仕方では異邦人を定義していない。ここでは割礼の有無が、イスラエルの民と異邦人を区別しているからである。

エフェソ書の大多数の読者は、ユダヤ人としての割礼を受けていないという意味において、異邦人であった。ただし、著者はここで、割礼の有無が神との関わりにおいて決定的な違いを生んでいたとは考えていないようである。肉の割礼があるかどうかは、割礼のある者たちによる区別を生み出したのである。割礼を受けている者たちは、そうでない人々すなわち異邦人を「割礼のない者」と呼ぶことによって。この呼び名はユダヤ人が異邦人を神の契約外の者と定義する呼称であった。しかし、その割礼は（神によるのではなく）「手による」ものにすぎない。

12節

「異邦人」にとっての真の問題は、手による肉の割礼があるかどうかではなかった。異邦人であったという意味が、12節ではユダヤ人による定義を超えて、キリストとの関わりで説明されている。読者であるキリスト教徒たちは、「あの頃は」、つまりキリストを信じるようになる以前は、キリストとの関わりがなく、イスラエルの民に属さず約束を含む契約と関係なく、希望を持たず神を知らないという意味において、異邦人であった。

著者はここで、異邦人であることの意味を、五つの項目にわたって列挙する仕方であげている。結局、「この世で神のない者」であったということが全体を結論づけている。

神を知らない（アセオス）ということは、無神論者を意味してはいない。ユダヤの伝統の中で啓示され、キリストにおいて表された神を知らないという意味である。キリストの表した神とその教えとは関係のない生き方をしてきたことが異邦人であることを特徴づけるのである。

13節

著者は劇的な仕方で11節の「かつては」と13節の「今や」とを対比する。「しかし今やキリスト・イエスにおいて、あなたがた、かつては遠く離れていた者たちが、キリストの血によって近い者とされたのである」。

イザヤ57・19に基づいて、キリストを知らなかった過去の状態と、キリストを知るようになった現在の状態が対比され、その状態は遠さと近さによって表されている。何から遠かったのか、そして何に近い者とされたのか。エフェソ書は神と人の両方を見ている。かつては、神からも人からも遠い者であった。しかし今やキリスト・イエスにあって、キリストの血にあって、近い者とされた。13節でパウロは、最初に「キリスト・イエスにあって（エン・クリストー・イエスウ）」を置き、文末で「キリストの血にあって（エン・トー・ハイマティ・トゥー・クリストゥー）」と説明を加える形で言い換え、この二つで13節を挟み込んでいる。遠い者から近い者にされたのは、キリストによるのであり、より厳密にはキリストの血によってなのである。

重要なことは、キリストにおいてユダヤ人も異邦人も共に神の救いにあずかるのであり、異邦人が疎外されているということはもはや意味のないことになったということである。

この民族的な区別の撤廃は、次の節を見ると平和と関わりのあることがわかる。ユダヤ人も異邦人もなく、すべての人はキリストにおいて神との平和を得ることができる。それは同時に、ユダヤ人と異邦人の区別の撤廃、すなわち両者の和解と平和をも意味する。民族的対立は、キリストにおいて無効とされ、和解させられるものなのである。平和を作り出すというキリストの働きが、現実において神と人、人と人との間でどう実現されるかが、エフェソ書の提示することであり、読者の読み取るべきことがらである。

エフェソ書の著者は、その平和が安易に作られるものではないことをよく知っている。和解は「キリストの血によって」、すなわちキリストの命を代価として実現されたものだからである。

説教　受けた恵みを忘れずに

エフェソ2・11〜13
申命記8・11〜20
ヨハネ4・13〜14
詩編100

わたしは忘れっぽいことで有名です。二階から一階に下りてきただけで、用事を忘れます。行き先を忘れて、違う所に行ってしまうこともあります。忘れるというのは、人間（生き物）の宿命なのでしょう。

人は誰しも、忘れっぽいものです。どんなに深く心に刻みつけられたことでも、やがて記憶は薄れ、いつの間にか、意識しないと思い出すことがなくなります。とても大きな恩を受けた出来事や、途方に暮れていた時に助けてもらったことでも、時間が経つにつれて記憶の彼方にしまい込まれ、感謝が薄れてゆきます。やがて「ああ、そんなこともあったっけ」と言うようになります。わたしだけでなく、それが人間というものです。

旧約聖書の人々がそうでした。彼らは、神の救いの手によってエジプトの奴隷生活から解放され、神の奇跡によって自由が与えられたのでした。出エジプトと呼ばれる奇跡の解放を体験した人々は、始めこそ感謝に満ちあふれ、喜びに躍りました。しかし、時が過ぎ、時代が変わるとどうなるでしょうか。神は、時と共に最初の感謝と喜びが薄れてゆくことをよくご存知でした。神の恵みによって救い出され、自由な民とされたのに、やがて豊かになり、自分に自信を持つようになると、恵み深い神のことを忘れ、自分に都合のよい神を信じるようになる。そのことを警告するため、きょうの申命記の言葉を民に伝えたのでした。

ヘブライの人々は神による救いと恵みを忘れることがないよう、記憶が薄れて感謝がなくなってしまうことがないよう、出エジプトによる神の恵みを思い起こして感謝するために、過越の祭りを毎年守り、祝い続けてきました。奴隷時代にどれほどの苦難を味わっていたかを覚え、自由な民として生きることができる喜びを新たに思い起こすためです。神による救いと解放の「以前」と、神の恵みを受けている「今」とを比べることによって、神への感謝をいつまでもはっきりと抱き、神の民として喜んで生きる思いをリフレッシュしたのです。

パウロは、エフェソの人々に対して同じことを願っています。昔のイスラエルの人々も、パウロの時代のエフェソの人々も、同じ人間であることに変わりはなく、時と共に感謝が薄れてゆくことに違いはないからです。エフェソの人々も、繰り返し神の恵みを思い起こし、感謝と喜びを新たにし直さなければなりません。そうでないと、時と共にキリスト者とされた感謝と喜びが薄れ、やがて他のいろいろなことに優先順位を与えてゆき、神への感謝と喜びは、いつの間にか心の押し入れの片隅に押し込まれます。

パウロは、エフェソの人々がキリストに出会う前と後を比較してみせます。「以前は」という言葉で、神の恵みを受ける前の状態を思い起こさせ、「今や」という言い方で、神の恵みを受けている現在の幸いを告げます。以前は、彼らはイスラエルの市民権を持たず、したがって約束の契約と無関係な存在でした。以前は、彼らは希望がなく、この世で神なしに生きていました。その事実を思い起こさせるのです。そのような状態を、パウロは「遠く離れていた」と表現しました。何から遠く離れていたのでしょうか。それは、神と人の両方からです。

エフェソの人々が神と共に生きる神の民ではなかった時、神の民という市民権はなく、神の祝福にあずかる約束もありませんでした。天の国と永遠の命という、この世を超える希望の存在すら知らず、神に信頼し、神に依り頼む安心感も、神に喜ばれる生き方が与える確信もなしに生きていました。神が見えず、神のことを意識することもない遠さの中にいたのでした。エフェソの人々が神の民ではなかった時、彼らは人と人とを分断し、隔てる壁を築き合っていました。人を敵と味方に分け、仲間とそうでない人々を区別し、民族、人種、身分、職業で差別し、金持ちと貧乏人で分け隔てし、互いに恐れ、不信感を抱き、見下し、高慢さで断絶していました。

わたしたちも、エフェソの人々と同じでした。「しかし今や」とパウロは高らかに宣言します。日本語には「しかし」は訳されていませんが、あった方がよいです。

しかし今や、キリスト・イエスにおいて、
キリストの血によって近い者となったのです。

何に近い者となったのでしょうか。それは、神と人の両方にです。エフェソの人々は、キリストと共に神によって子として受け入れられ、天の神の国に国籍を持つ者とされるほどにまで神に近い者とされました。キリストの血によって罪を赦された者同士が、共に喜び、共に泣き、互いに兄弟姉妹として受け入れ合うほどに、互いに近い者とされました。神の民として受け入れられ、兄弟姉妹との交わりを生きる者とされた。それが、エフェソの人々の「今」なのです。

わたしたちも、エフェソの人々と同じです。エフェソの人々の「今や」は、わたしたちの「今や」でもあります。その喜び、その感謝が時と共に薄れてゆくのは仕方ないのでしょうか。わたしたちもいつか、「ああ、そういうこともあったっけ」と言い、神の恵みを、過ぎた昔の体験、記憶の彼方にしまい込まれた思い出にするのでしょうか。わたしたちが受け、今も受けている神の恵みは、やがて忘れてもかまわない程度のものなのでしょうか。

そうではないはずです。わたしたちは、かつても、今も、これからも、いつかわたしたち自身が天の御国に迎え入れられるその時まで、神の恵みを忘れず、絶えず感謝し、常に喜んでいるべきです。神の恵みを思い起こすために、わたしたちは繰り返しクリスマスを祝い、復活祭を祝い、聖霊降臨祭を祝い、自分の洗礼記念日を祝い、この世に命を与えられた誕生日を祝い、そして週毎、日曜日毎に、主キリストのよみがえりを喜び、今も主が共にいてくださることを感謝し、神の御名をたたえ、祈り、礼拝をささげるのです。わたしたちが受けた神の恵みを忘れずにいるために。ただ忘れないだけでなく、いつも新たに感謝と喜びを抱くために。

しかし、なぜ忘れてはいけないのでしょうか？　それは、神の恵みを忘れるなら、わたしたちは神への感謝と喜びを抱かなくなるからです。

わたしたちの命は、本来、神への感謝と喜びを生きるために創造されました。ですから、わたしたちが本当に心から生きる喜びを抱くためには、この命が神への感謝と喜びに満ちあふれることが必要です。人はいろいろな理由で感謝したり喜んだりします。仕事に成功した時、喜びます。学校に合格した時、喜びます。願いが叶えられた時、感謝します。物事がうまくいった時、感謝します。検診で健康が保証されたら喜びます。良いことがあった時は感謝します。では、失敗したときは？　不合格だったり、願いが叶わなかった時は？　悪いことや嫌なこと、苦難を体験する時はどうでしょうか。感謝も喜びもなくなるのでしょうか。

神への感謝と喜びは、それらを超えます。苦難の時、感謝をささげ、災いの中でも喜び、死の時、感謝と喜びを抱いて天に召されてゆきます。わたしたちの内には、そのようにして、命の泉である神への感謝と喜びがあふれ、わたしたち自身と、わたしたちと関わる人々を潤すことでしょう。わたしたちが受けた恵みを忘れずにいるかぎりは。

2・14〜22

コロサイ1・19〜22と関連の深い箇所だが、コロサイ書とは神学的に顕著な違いがある。コロサイ書はキリストの十字架を神と人間の和解、すなわち垂直的な関係の根拠とするのに対して、エフェソ書によれば、キリストの十字架はユダヤ人と異邦人の和解、すなわち水平的な和解の根拠である。ただし、コロサイ、エフェソ両書ともそれぞれ、人間間の、また神と人間の和解を不要なものと見なしているわけではない。両書は神学的な強調点が異なっているということである。どちらの書にも共通していることは、和解がキリストの福音にとって本質的なことがらであると確信していることである。福音とは、平和を作ることに他ならない。14〜18節は賛歌としての形態を持っている。その起源がどこにあるのかについては、いくつかの仮説が出されているが、決定づけるだけの根拠はない。

14節

ここで著者は、一切の属性を伴わない仕方で、キリスト（アウトス）がわたしたちの平和だと強調する。ここでは平和は抽象的な概念ではなく、キリストそのものである。

キリストという平和は、二つのものを一つにするという、和解の働きを実現した。キリストの肉において、隔ての壁、（つまり）敵意を取り壊した。著者はその事実をまず明確にする。「二つのもの（ホイ・アムフォテロイ）」は一致させようのない異質な存在を意味している。神と人間がそうであり、人間同士の間に存在する根源的（と思われる）違いがそうである。その最たるものはユダヤ人と異邦人であった。彼らは相互の考えからすれば、一つになりようのない異なる存在だからである。両者は契約の民であるイスラエルに与えられた律法という「隔ての壁」によって分断され、その壁があるかぎり、いっしょにはなりようがない。相互に相手を異質なものと見なすことは、究極的には敵意へと至る、不信、警戒、嫌悪をそこに生み出すことに他ならない。

15節

著者はここであたかもキリストによって壊された壁が「規則と戒律ずくめの律法」のことであったかのように語る。実際、律法によれば神の民とはイスラエルのことであり、それゆえ、異邦人が異邦人のままで神の民となることはありえなかった。異邦人は割礼をはじめ、律法の民となることによって、つまりユダヤ人になることによって初めて、神の民となることができた。救いはユダヤ人のものであり、異邦人は壁によって隔てられ、疎外されていたのである。

今やキリストにおいてそのような隔ての壁は破壊された。もはやユダヤ人と異邦人を分ける壁は存在していない。ただし、著者にとって律法はどのようなものと解釈されているのかはこの箇所だけでは判断することができない。

和解を通して実現した一致が平和の意味であることを、著者はここで明確にする。「双方をご自分において一人の新しい人に造り上げて」が何を意味するのか、困難な問題がある。ここでは著者は、キリストにある一つの体としての教会を念頭においていると考えるべきかもしれない。あるいは、キリストという一人の新しい人との一体化か。いずれにしても互いに異質で敵対していた双方は、和解によって一人の新しい人へと結ばれる（もしくは統合される）のであり、その新しい人としての体の状態が平和なのである。

16節

ここではっきりと、十字架が和解の手段であることが語られる。それは人間と人間の水平的な和解だけではない。まず最初に神との和解が実現した。十字架においてまず滅ぼされたのは、神と人の間にある隔ての壁である敵意であった。神と人の間の隔ての壁は、人の側の神に対する敵意である。かつては「この世を支配する者、かの空中に勢力を持つ者、すなわち、不従順な者たちの内に今も働く霊に従い、過ちと罪を犯して歩んでいた」（2・2）のであり、「肉の欲望の赴くままに生活し、……生まれながら神の怒りを受けるべき者であった」（2・3）。それにもかかわらず、神は敵意を人に対して向けるのではなく、キリストを遣わして十字架に至るまでの愛を示し、敵意を滅ぼした。それは神の一方的な恵みの働きであることを、著者は強調する。

17節

著者はキリストの働きを「平和の福音を宣べ伝える」ことと見なす。その言葉は、「遠く離れているあなたがた」にも「近くにいる人々」にも告げられている。明らかに著者は、キリストの働きを地上に来たイエス・キリスト本人だけに限定してはいない。キリストの働きは弟子たちによる福音宣教によっても等しく継続されているのである。「遠く離れているあなたがた」は異邦人、「近くにいる人々」はイスラエルの民を指すことは、12、13節から明らかである。

18節

キリストの働きの結果は、教会という具体的な場において現実のものとなっている。キリストによって「わたしたち両方の者」（ユダヤ人と異邦人）が一つの霊に結ばれて、神に近づくことができるのである。ここではキリスト、霊、父という後の三位一体の図式が暗示されている。「一つの霊に結ばれて」は、両者の、具体的には教会のユダヤ人と異邦人すべての根源的な一致を意味する。人はなんらかの霊との絆を、それが空中の霊（2・1）であれ、「天にいる悪の諸霊」（6・12）であれ、「悪魔」（4・27、6・11）であれ、持つ存在だからである。あらゆるたぐいの諸々の霊と勝手に結びついているのではなく、今やキリストにあって一つの神の霊に結ばれている根源的な一致を持つ者の群れが、教会なのである。

19節

「したがって」、教会に集う者は、ユダヤ人も異邦人も等しく、一つの霊に結ばれて、一つの聖なる神の民、神の家族である。もはや外国人でも寄留者でもない。

この世においては、人間は互いにさまざまな隔ての壁によって区切られ、互いを外国人と見なし、寄留者となり、あるいはそのようにされている。神の民とされたということは、人間的な障壁の一切が無効とされたことを意味する。

20節

おそらく教会の伝承の発展と共に、使徒・預言者をも教会の基礎に含む概念が広まったのであろう。しかし、すべての根拠（かなめ石）がキリストであることは揺るがない。ここには、教会の歴史的発展と信仰の継承、そして継続性の確信が込められている。

21〜22節

著者はここで、読者自身の立場がどのようなものかに言及する。教会とは、かつては障壁によって隔てられていたが、今はキリストにおいて一つにされ、そこに集う人々のことであり、神を礼拝するという行為そのものによって、聖なる神殿そのものなのである。確かに、霊の働きによって信仰者の交わりのあるところには、神も共におられる。霊において神が宿る。その確信が力強く宣言されている。またこの建物（教会）は成長する（アウクサノー）。教会は限定された会員だけの閉鎖的集団ではない。世からキリストの体へと結ばれ、一つに建て上げられてゆく人々を常に迎え、受け入れる共同体である。教会は本質において宣教的である。

説教　キリストがわたしたちの平和

エフェソ2・14〜22
イザヤ55・8〜13
ヨハネ6・35
詩編84

　毎週金曜日は、わたしが大学に教えに行く日です。「キリスト教と歴史形成」という講座です。表題は難しそうですが、中身はそんなことはありません。なるべくわかりやすく、興味が持てる内容を心がけています。たぶん内容の良さよりも単位の取りやすさから受講者が多いので、出席カードで出欠を確認しています。

　そのカードには、コメントを書くメモ欄があります。学生には、授業へのコメントや質問、感想があれば書いてもらい、返事が必要だと思うものについては、次回の最初に応答しています。

　連休前の授業で回収した出席カードに、こんな質問がありました。「なぜ、誰もが平和を願うのに争いが生じるのでしょうか」。なかなか難しい質問です。でも、無視することのできない疑問でもあります。連休中、この質問が心にずっとひっかかっていました。先週の金曜日、授業の冒頭でこんな応答をしました。

人は自分の考える正義によって平和を作ろうとするから、異なる正義同士が互いに譲らず、相手の正義と衝突し、否定し合い、こちらの平和とあちらの平和が対立して、結局、平和が争いを生み出してしまうのではないか。それ以上の議論はしませんでしたが、この問題はもっと議論を深めてもよかったかもしれません。

平和が争いの原因になるというのは、皮肉な現実だと思います。人は誰もみな、自分の平和を主張し譲りません。自分が求める平和とは違う考えの人と対立し、敵意を抱き合い、隔ての壁を築いてしまうのです。

きょうの聖書箇所で、パウロはまさにその問題を扱っています。誰もが平和に暮らしたいと望みます。パウロの時代も現代も変わりません。しかし、その平和は自分の主張する平和であって、他の人の主張する平和ではありません。平和を求めていながら、平和がない。人と人の間に強固な壁があって、互いに疎外し分断しあっています。

パウロはそのような壁を、「敵意という隔ての壁」と表現しました。敵意と言うと、とても強く響きます。

しかし、パウロが用いる敵意という言葉の中には、不快感、差別意識、排除、憎しみ、怒り、不寛容などが含まれています。そういった意味合いも含めた敵意は、わたしたちにとっても、たいへん身近なものではないでしょうか。実際、敵意という隔ての壁は、どこにでも存在します。また簡単に作り出されます。ちょっとした意見の対立、考え方の違い、誤解や勘違いで生じます。

肌の色、言葉、文化、宗教の違いが不安感や恐れを生み、敵意へと育ちます。自分とは違う人に不寛容になり、敵意を芽生えさせます。

敵意という隔ての壁を作り出すのは、なんと簡単なことでしょう。しかし、ひとたび築かれると、取り除くのはなんと難しいことでしょう。国と国、民族と民族で敵意という隔ての壁が築かれてきました。もっと身近なところでも、敵意という隔ての壁は作り出されます。隣人同士の間で、ちょっとしたいさかいが敵意を増幅し、殺人にまで至る事件が起きます。敵意は親と子の間に生じ、夫と妻の間に生じ、兄弟姉妹の間の小さなあつれきが不信を生み、敵意を作り出します。たった一つの過ち、すれ違い、失言が、いとも簡単に敵意という隔ての壁を作ることがあります。利害の対立が敵意を生み、不信が敵意を増幅して隔ての壁となります。

いつの時代も、人々は実際に敵意という隔ての壁で分断し合い、またいつ敵意が生み出されても不思議ではない現実を生きています。誰もが平和を願い、平和を口にします。しかし、自分の平和を主張し合うだけなので、互いに敵意を抱き、隔ての壁を積み上げて、分断され続けています。そんな世界の住民であるエフェソの人々に、そして現代のわたしたちに、パウロはきょうの箇所ではっきりと宣告するのです。

キリストこそが、わたしたちの平和であります。

パウロは、わたしこそが、わたしたちの平和ですとは言いませんでした。皇帝こそがわたしたちの平和ですとも言いませんでした。国家こそがわたしたちの平和だとも言いませんでした。ユダヤ人であること、ギリシア人であることが平和だと言いませんでした。キリストが、わたしたちの平和。パウロはそう告げるのです。

もし、この言葉の意味を本当に理解するなら、わたしたちの生き方が変わることでしょう。実際、変わらなければなりません。残念なことに、実際にはこの言葉は勘違いされ、教会によってさえも誤解されてきました。自分の考える「キリストの平和」を他の人々に強要し、それを受け入れない人々を裁くことによって、敵意という隔ての壁を築いてしまいました。

パウロは、それとはまったく違うことを、ここで語っています。キリストは、十字架によって敵意を滅ぼして、平和を作り出した。パウロはそう語ります。十字架によって敵意を滅ぼしたとは、どういうことでしょうか。

この言葉には、二つの大切な意味が込められています。一つは、人が神に対して敵意という壁を築いてきたという事実です。人は自分の考えに合わない神を裁き、拒み、憎みさえします。神に対して敵意を抱き、自分好みの神を自分で作り上げる存在です。そんな人間の現実が、この言葉には込められています。

しかし、十字架によって敵意を滅ぼしたということには、もう一つの大切な意味があります。神は、ご自分の正義と平和をわたしたちに要求して裁くのではなく、わたしたちが神を認めず信じず、神に敵意を抱いていた時に、神はわたしたちを無条件に受け入れ、わたしたち人間の神に対する敵意をさえ受け止め、十字架にかけられてまで、わたしたちに対する神の愛を貫き、表してくださったということです。
人は自分の主張する平和を要求し、受け入れない者に敵意を抱きます。しかし神は、神の愛を受け入れないどころか、神の愛を表すために来られたキリストを十字架につけた人間を、敵意を抱くことをせずに愛し通し、受け入れてくださいました。十字架の前では、わたしたちは何も言うことができません。ただ沈黙し、神の底知れない愛を感謝して受け止めるだけです。キリストは十字架で、神に対する敵意という隔ての壁を滅ぼしました。わたしたちを神と隔てる敵意という壁は、もうありません。神とわたしたちは、キリストによって一つに結ばれているのです。そのことをパウロは、こう表現しました。

あなたがたはもはや、外国人でも寄留者でもなく、聖なる民に属する者、神の家族です。

神が、わたしたちの敵意の壁を取り除いて、神との間に平和を作ってくださいました。それと比べれば、人と人を隔てる敵意の壁など、なんと無意味なことでしょうか。
相変わらず、この世の人々は敵意という隔ての壁を築き合います。わたしたちに対しても、同じように壁を築いてくることでしょう。でも、わたしたちは敵意という壁を築いて対抗したりしません。なぜなら、キリストがわたしたちの平和だからです。その意味は、わたしたちは、キリストの平和を他の人に要求するのではなく、わたし自身がキリストに倣って十字架の道を生きるということです。キリストの愛を他の人が抱くことを求めるのではなく、わたしたちがキリストの愛を抱いて生きます。わたしたちが他の人々に憐れみ深さを要求するのではなく、わたしたちがキリストの憐れみを生きようと努めます。わたしたちがキリストの平和を人々に受け入れさせるのではなく、わたしたちがキリストの平和を自ら生きて、証しするのです。人々に理解されようと願うのではなく、その道を自分の道として、わたしたちは歩みます。

それはキリストに倣う道ですから、十字架の道でもあります。ときどき苦労し、忍耐を必要とし、困難さを感じる道です。でも、わたしたちは独りぼっちでその道を歩みません。教会において、キリストがわたしたちの平和だと信じる友、兄弟姉妹と呼ぶことのできる仲間と共に歩みます。教会にはあらゆる人間的な違いのある人々がいます。たぶん、世の中では敵意という隔ての壁を築き合うことさえありえます。でも、教会でわたしたちは、人間同士の違いをはるかに凌駕する、キリストの十字架によって示された神の愛で結ばれる一致を実感します。それは単に、わたしたちの感情や思い込みではありません。神の聖なる霊によって一つに結ばれているのだからです。

わたしたちは聖霊の働きによって一つの絆で結ばれ、パウロの言葉によれば、聖なる神殿となって神の住まいとなるのです。わたしたちは敵意の壁という無意味な壁、いや、むしろ破壊的で疎外と断絶をもたらす壁をひたすら築き、醜い壁だらけの世界を作り上げることをしなくてすむ者とされました。今、わたしたちは神の家族として結ばれ、共に神をたたえ、神に感謝しながら生きる者とされているのです。キリストがわたしたちの平和。この確信を、しっかりと胸に抱いておきましょう。

3・1〜13

1節

「こういうわけで（トゥートゥー・カリン）」は、二章までの議論に基づいた展開であることを表明する。続けて、おごそかな誓約の形式で強調の「わたし（エゴー）」を用いて、「エゴー・パウロス・ホ・デスミオス・クリストゥー・イエースゥ・ヒュペル・フーモーン・トーン・エスノーン」と、主語であるパウロを、肩書きを用いて提示する。パウロは「あなたがた異邦人のための」使徒であることが、著者にとって特別に重要である。なぜなら、神の意図は異邦人をイスラエルの民と和解させ、等しく神の民として召すことにあるからである。パウロはその神の計画を実現した使徒なのである。「キリスト・イエスの囚人」は、二重の意味を与えられているのであろう。パウロ自身キリストに囚えられているのであり、同時に、キリストのために囚えられている。

このおごそかなパウロの誓約は、しかし、主語を提示したところで中断される。この主語を受ける動詞は、14節「ひざまずく（カムプトー）」である。2〜13節までは長大な挿入ということになる。実際、挿入が長いため、著者は14節でふたたび、1節冒頭と同じ「トゥートゥー・カリン」を用いることで、1節が14節に繋がることを読者に示している。

2節

著者はパウロの名をあげたところで、パウロが何者で何のために召され、その召しのためにどのような苦難を受けたかを読者に想起させる。読者はこの挿入を通して、パウロの働きが神の計画の実現であったこと、異邦人である読者はその恩恵にあずかっていることを想起すべきである。「確かに、……であろう（エイ・ゲ）」は、念を押すための確認である。エフェソの人々は以前に間違いなくパウロの使徒職の意味について聞いているはずである。それは「神の恵みの管理職」であり、「あなたがたのためにわたしに与えられた」ものである。パウロは神の計画の実現という恵みを忠実に実行する管理の務めを与えられたのである。

3節

「初めに手短に書いたように」は、この手紙の1・8～14、もしくは2・11～22の箇所を意味するのであろうか。あるいは別のパウロ書簡が想定されているのかもしれない。ただ、その場合、「手短に」の意味が不明である。パウロの使徒職の特殊性がここでも強調される。パウロには「秘められた計画（ミュステリオン）」が「啓示によって知らされた」。

4節

読者は、そのことを通して「パウロの洞察（ヘー・スネシス・ムウ）」を知るべきである。ここで求められているのは、パウロの伝えた教えに忠実であることである。キリストの秘められた計画について、パウロが正しい理解を伝えてきたからである。

5節

「前の時代」は、キリスト以前を指す。キリスト以前には「人の子ら」に知られていなかった。「今や……のように」は、今知られているようには、前の時代には知られていなかったという意。今や「彼の聖なる使徒たちと預言者たちに、霊において啓示された」。著者はすべての人（人の子ら）に知られていなかったことが、今や「使徒と預言者」に啓示されたと主張する。霊において啓示されたのは、聖なる使徒たちと預言者たちである。彼らはキリストを通して実現した神の救いの啓示を受けて、それを人々に宣べ伝える役割が与えられた。ここでは単数（つまりパウロ）の使徒ではなく、「使徒たちと預言者たち」と複数で表現される。神の啓示をパウロだけに限定してはいない。このことはすでに2・20で「使徒たちや預言者たちという土台」として明らかにされている。

6節

では、使徒たちと預言者たちに啓示された神の秘められた計画とは何か。「異邦人が共同の相続人（スグクレーロノミア）、同じからだ（ススソーマ）、福音を通してイエス・キリストにある約束の共同所有者（スムメトクサ）」となることである。異邦人が共に救いにあずかることは、パウロだけに示されたことではなく、エフェソ書によれば使徒たちと預言者たち全体に啓示された、神の救いの計画の本質的な事柄である。

7節

パウロはこの福音の奉仕者とされたのであり、それは「神の力の働きによってわたしに与えられた、神の恵みの賜物による」。

8節

この恵みの賜物を受けたパウロは、「わたし、聖なる者たちの最も小さな者」と、一コリント15・8を想起させる仕方で最上級を用いて自らを語る。これは「この恵みが与えられた」を際だたせる。パウロの働きは、パウロの能力によるのではなく、神の恵みによるものであることが強調される。それは「キリストの計り知れない豊かさを良い知らせとして異邦人に宣べ伝えるため」である。

9節

「カイ」によって導入される句で、著者は秘められた神の計画、すなわち福音の奥義とパウロの役割について議論を深める。パウロの働きとは、「すべてのものを創造した神の内に世々の前から隠されていた奥義の管理職が何であるかを明らかにすること」である。

10節

そしてその目的は、「さまざまなかたちの神の知恵」が、教会を通して、今や「天の諸力と諸勢力に」よって知られるためである。2・2で述べられた支配と勢力に対する勝利が、教会によって成し遂げられることが明らかにされる。

11節

このことが神の永遠の計画であり、キリストによって実現されたことを、著者はもう一度明確に要約する。

12節

この神の計画、キリストにおいて実現したことが、「わたしたち」つまり信仰者とどう関係するかが明確にされる。「彼にあって、わたしたちは彼への信仰を通しての確信の内に、大胆さと（神への）近づきを持つことができる」。

13節

「だから（ディオ）」は、長い挿入のまとめを示唆する。パウロは読者に懇願する。「あなたがたのゆえにわたしが苦難の中にあることで落胆しないように」と。なぜなら、それは「あなたがたの栄光だから」である。ここで著者は1節の「キリスト・イエスの囚人」とまとめの13節を結び合わせる。囚人とされているパウロの苦難は、「あなたがたの栄光」である。著者は「あなたがたの栄光のため」とは言わない。パウロの苦難は栄光そのものだからである。そして直接的にはパウロの苦難は「あなたがた」すなわち異邦人のためであるが、それは究極的には神の栄光である。

こうして、著者はパウロの伝えた福音が、神の秘められた計画を告げ知らせるものであり、パウロはその働きを忠実に担い、そのために苦難を受けていることを読者に対して明確にする。その上で、語り始めた言葉を、14節の動詞「わたしはひざまずいて（祈る）」に繋げるのである。

説教　苦難の中に栄光を見る

エフェソ3・1～13
イザヤ56・1～8
ヨハネ7・37～38
詩編30

なんと不思議な書き方を、パウロはここでしていることでしょうか。「こういうわけで」と話し始めたにもかかわらず、「囚人となっているわたしパウロは、」と言ったところで、話を途中で止めてしまうのです。

もし皆さんが、わたしと話をしている時にわたしが、「こういうわけでね」と言って、そこで止めてしまい、繋がりのないことを話し始めたらどう思いますか。言い始めたことが完結しないと、皆さんはとても気になることでしょう。話をさえぎって「さっきの続きはどうなったの？」

と尋ねるでしょう。パウロは手紙でそのようなことをしました。手紙ですから、エフェソの読者もわたしたちも、途中でパウロをさえぎって続きを聞くわけにはいきません。もどかしい思いをするだけです。「こういうわけで」とはどういうわけですかと尋ねられませんから。

パウロは、なぜ話をぶつ切りにするような書き方をしたのでしょうか。実は、パウロはこの話の続きを再開します。しかしそれは、ずっと先の、14節になってからなのです。それまでの2～13節は、とても長い挿入です。14節でようやくパウロは本筋に戻ります。しかし、あまりに長い挿入をしたので、読者もわからなくなります。そこで14節でもう一度、「こういうわけで」を繰り返したのでした。

わたしもときどき、授業などで本題から外れた話をすることがあります。いわゆる「脱線」です。学生たちは脱線の方がおもしろいので、あえて口をはさみません。わたしが気付いて本筋に戻ると、ちょっと残念そうな顔をします。パウロは、長い挿入をしましたが、「脱線」したわけではありません。むしろ、ここで意図的に話を中断して、あえて長い挿入をしたのでした。どうしてもこのことを今伝えることが重要だと考えたからです。2～13節を言わなければ、本筋が理解できないからです。

この挿入箇所は、それほどに重要なことを読者に、すなわちエフェソの人々やわたしたちに語りかけている箇所です。いったい、ここでパウロは何を告げようとしているのでしょうか。パウロは何をそんなに重要なこととして伝えようとしたのでしょうか。

手がかりは、1節の「囚人」と、13節の「苦難」にあります。この二つのキーワードによって、パウロはこの挿入を包み込んでいます。「キリスト・イエスの囚人」となっているパウロは、それゆえの苦難を受けています。それは、ただの囚人という以上に心身共に苦痛を伴う体験であり、文字通り「苦難」でした。

パウロは二コリント一章で「アジア州でわたしたちが被った苦難」を、「耐えられないほど圧迫されて、生きる望みさえ失った」と書いています。そのことをエフェソの手紙で振り返っているのでしょうか。あるいは二テモテ4章で「わたしはライオンの口から救われた」と書いている体験のことでしょうか。本当のところはわかりません。確かなことは、囚人であることが苦難を伴うものであったことです。なぜパウロは囚人となり、何のために苦難を受けているのか。それが、この箇所でパウロが読者に伝えたいことです。

パウロが牢獄に入れられ、苦難を受けているのは、異邦人に福音を宣べ伝えるための使徒として生きたからです。神は、異邦人が神に受け入れられ、民族や人種に関係なく、ユダヤ人もギリシア人も皆等しく、神の民として約束と救いにあずかることを定めました。それが神の計画であり、キリストによって実現された福音です。そしてパウロは、その神の計画を伝えるための使徒として召されました。パウロは、神によって使徒として召されたことを、7、8節で、こんな言葉で表現しています。

神は、その力を働かせてわたしに恵みを賜り、

この福音に仕える者としてくださいました。
この恵みは、聖なる者たちすべての中で
最もつまらない者であるわたしに与えられました。

「恵みを賜り」と訳されている言葉は、「恵みの賜物」の方が良いです。福音に仕える者とされるという「恵みの賜物」を与えられた。パウロはそう言うのです。異邦人に福音を宣べ伝える働き。それは、パウロにとって「仕事」ではありません。勤務時間のある職業などではなく、働きに携わっている時間とプライベートな時間を切り離せるものでもなく、パウロの存在そのもの、生涯そのものを意味しています。だからパウロは「恵みの賜物」（神の恵みの贈り物）と表現しました。パウロの生涯そのものが、神からの恵みの贈り物となったからです。パウロがキリストと出会ってからは、その生涯そのものが変えられ、神の恵みの賜物として与えられたのでした。

さて、ここで皆さんに質問です。パウロが言う「神の恵みの賜物」は、パウロのような特殊な人、わたしたちとは違う、特別に選ばれた人だけに与えられる、例外的なものなのでしょうか。

答えは「いいえ！」です。キリストを信じて、神の約束にあずかる者とされた人は、誰も例外なく、すべて、そこからの生涯そのものが、神によって祝福された恵みの賜物として与えられています。ですから皆さんは今、祝福された恵みの賜物としての生涯を生きています。その賜物の具体的なかたちは、人それぞれに異なります。違う生活、異なる職業、別の環境や家庭の事情、さまざまな使命や役割。誰一人として、「わたし」と同じではありません。似ていたり、共通点はあるかもしれません。しかし、わたしの生涯は、わたしだけに、わたしのための祝福された恵みの賜物として与えられています。

皆さん一人一人も同じです。パウロの場合は、それは異邦人のための使徒という恵みの賜物でした。わたしの場合は？　あなたの場合は？　わたしたちには、それぞれに、信仰の生涯という賜物が与えられています。人の生涯をうらやんだり蔑んだり、ねたんだりけなしたりすることは、無意味だけでなく愚かなことです。それぞれに「わたしの恵みの賜物」が与えられていて、それは間違いなく、祝福に満ちた恵みの賜物としての生涯なのです。

勘違いしてはならないのは、それが苦難フリーの生涯という意味ではないということです。成功や快楽や、富や繁栄の約束された恵みの生涯ということではありません。それらはあれば嬉しいかもしれませんが、成功や富が自動的に幸福を約束することはなく、むしろ、よほど注意深く警戒していなければ魔物に変わることでしょう。成功や安泰を恵みと考える人は、苦難を恐れ、恐れのあまり、苦難によって神を見失うことでしょう。人間というものは、そんな弱さを負っており、信仰者でも信仰が揺らぎます。パウロの苦難を見た人々は、信仰が揺らぎました。神を信じていると言い、神の福音を宣べ伝える使徒であるはずのパウロが、どうして苦難を受けているのか。パウロの苦難は、パウロが神の恵みを受けていない証拠ではないかと。だからこそパウロは、あえて長い挿入をしてまで、苦難を見て落胆してはならないと注意を喚起したのでした。

パウロもそうでしたが、わたしたちもまた、神の恵みの賜物である生涯を与えられ、その生涯を生きています。たとえそこに苦難があるとしても、恵みの賜物である生涯を生きている人は、苦難の中に神の栄光を見ます。苦難はわたしたちにとって、嘆きと絶望という破滅への道ではなく、苦難の先にある約束をいっそう力強く望ませる機会となるのです。それが、わたしたちの信仰の力、つまり神の恵みの賜物である信仰の生涯を生きる者の特権です。

きょう、詩編30編を交読しました。詩編の詩人もパウロと同じ確信を抱いていました。この詩人も、嘆く時がありました。しかし、嘆くだけで終わらなかったことを証しして歌いました。

あなたはわたしの嘆きを踊りに変え、
荒布を脱がせ、喜びを帯としてくださいました。

そのような体験を、皆さんもしたことがあるでしょう。あるいは、今していることでしょう。まだ、今はその体験が訪れておらず、嘆きの中にあるかもしれません。しかし、やがて、いつか、嘆きが踊りに変えられる時が来る。わたしたちはそう信じています。なぜなら、わたしたちの信仰の生涯は、神の恵みの賜物として与えられ、それは苦難の中に栄光を見る生涯だからです。苦難を体験してきたパウロが12節で高らかに宣言する確信を、わたしたちも自分の信仰の確信としてゆきたいものです。

わたしたちは主キリストに結ばれており、
キリストに対する信仰により、
確信をもって、大胆に神に近づくことができます。

3・14〜21

14節は、1節からの続きに戻る。著者は2〜13節までの長い挿入をおこない、14節でふたたび本筋に戻る。「こういうわけで（トゥートゥー・カリン）」を繰り返すことで1節とつなげ、「父の前にひざまずく」と祈りへの導入をおこなう。パウロが使徒として、すべてのキリスト教徒のためにささげている祈りという形式が取られている。

14節

「カムプトー」は「まげる」「頭を下げる」。「父に向かってひざをまげる」という表現で、ひざまずいて父（なる神）に祈ること。2・22までの箇所を前提としての祈りである。しかし、長い挿入によって、読者はこの祈りをささげるパウロのことを強く意識しながら祈りを読むことになる。この祈りの姿勢は、跪拝《きはい》に近い。神への懇願と同時に、礼拝としての意味も込められている。そのことは20〜21節の頌栄からも明らかである。

15節

この箇所は一見、前後との関係がわかりにくい。「この方（父）から、天においてと地の上にあるすべての族（部族、種族？）が名を与えられている」。族もしくは種族は、天地のあらゆる存在、おそらく天使も含むのであろう、すべての種族が名を与えられている。ここで著者は、神と無関係で神を知らない異邦人も、神の被造物であると同時に、神によって名づけられていることを表明する。「名づけられる」は神による存在の承認と受容を意味している。神があらゆる民族の存在を認め、祝福していることをパウロは祈りの始めに表明する。その上で、神の愛についての祈りに入る。ただし、パウロは神の愛を祈り求めているのではない。神の愛はすでにあるのであり、パウロが求めるのは、すべての人々が神の愛の大きさと深さを認識するようになることである。

16節

ここで、「内なる人」が強められるようにと願っている。パウロは、したがって、「外なる人」と「内なる人」とを分けている。その区別は、単に外面と内面ということではない。外なる人というのは、おそらく、人間もしくはわたしという人格的存在にとって本質的な意味をもつべきではないことがら、すなわち滅びゆくものを指しているのであろう。国籍や人種、職業、収入、財産、学歴、栄誉、容姿などがそうであろう。しかし、外なる人を強めることによって自分をより確かなものにしようとすることは、わたしたちを神とかぎりなく引き離してしまう。なぜなら、外なる人を強めることによって、わたしたちは神への依存心を失ってゆくからである。

パウロは、神があなたがたの内なる人を強めてくださるようにと祈った。内なる人とは、パウロにとって、終わりの日の裁きの時に、神の前に立つことになる「わたし」のことである。一切の虚飾や獲得物なしのわたし自身を指している。その内なる人が強められるようにとは、どういうことか。パウロは、内なる人が強くされて、神の前に堂々と立つことができるようにということを言っているのではない。パウロにとって、内なる人が強められるとは、信仰によってキリストが心の内に住んでくださるということなのである。キリストが共にいてくださるようになることが、内なる人が強くされることである。きっと、わたし自身は強くならないのであろう。わたしの内なる人が強くされるのは、内に住んでいてくださるキリストが強いからである。それは自分の力でできることではなく、神の霊の力による。霊においてキリストが内に宿ることが信仰の意味である。

17節

キリストが内に住んでいてくださる人は、そのキリストのゆえに、愛に根ざし、愛にしっかりと立つ者とされる。わたしたちはそれを願いとしているのだし、この競争と分裂と不安の世の中にあって、キリストが内に住んでいて共にいてくださるとは、そのことを意識的に願いとしてゆくようにと常にキリストによって教えられるということなのである。「信仰によって」は、キリストの内在を可能にする手段ではない。信仰とは、キリストが内におられるという現実であり、そのことを踏まえて生きることである。

愛に根ざし、愛にしっかりと立つことは、信仰による。そして信仰はそれ自体、神の賜物なので、愛に根ざし、愛にしっかりと立つこともまた、神の恵みの働き、すなわち聖霊の力によって実現する。それゆえ、パウロは愛に根ざし、愛に立つことをエフェソの人々に命じるのではなく、彼らのために祈るのである。それが神のわざだからである。

18〜19節

著者は神の愛を祈り求めてはいない。神の愛はすでに完全に表されている。「憐れみ豊かな神は、わたしたちをこの上なく愛してくださり、その愛によって、罪のために死んでいたわたしたちをキリストと共に生かし、……あなたがたの救われたのは恵みによるのです」（2・4〜5）と述べている。必要なことは神の愛が増し加えられることではなく、人々が神の愛の「広さ、長さ、高さ、深さ」がどれほどであるかを理解することである。この四つの立体的な表現は、神の愛の完全さと無比性を強調する。

それは「人の知識をはるかに超える愛」であり、それゆえに、神の愛を知ることは、霊の力によることである。そしてその目標点は、「神の満ちあふれる豊かさのすべてにあずかり、それによって満たされるように」なることである。「神のあらゆる充満へと充満させられるように」は、解釈が困難であり、それゆえに写本間の異同がある。ここで言われているのは、天上での至福ではない。この地上の生の間に、神の愛を十分に知ることによって現実に生きることのできる神との喜ばしい関係を意味している。

20〜21節

そういう生涯の歩みの中で、困難や落胆、失望や挫折を味わうことがあるにしても、それでもキリストが住んでいてくださるということは、わたしたちが神の力によって常に覆われているということなので、20節の神の力に信頼して、わたしたちは安らぎ、憩うのであるし、それゆえにわたしたちは21節のように神に栄光を帰するのである。祈りは神への頌栄で終わる。そして同時にそれは、信仰者の生涯の目指すところでもある。

説教　聖霊があなたに降る時

エフェソ３・14〜21
イザヤ59・21
使徒言行録１・６〜８
詩編95

こういうわけで、わたしは御父の前にひざまずいて祈ります。

こういう書き出しで、パウロはきょうの聖書箇所を書き始めます。パウロの祈りが書き記されている箇所です。わたしたちは神に祈ります。しかし、ひざまずいて祈ることまでは、あまりしません。特別な祈りをささげる時にすることではないでしょうか。パウロはここで、特別な祈りをささげようとしているに違いありません。

この箇所は内容がとても難しいように思われます。皆さんに理解してもらうためにどうしたらよいかと考えあぐね、神学的な説明をしようかとも考えました。「神学的に」などと思ったとたん、まるで神学校か大学の授業のようにいっそう難しく感じます。いや、それ以前の問題があります。わたしにとって難解で、十分な理解ができるとは思えないのです。

今回この箇所から説教するにあたり、改めて読み直してみて、ある重要なことに気付かされました。それはあまりに単純なことなので、言われてみれば当然です。これまで気付かないでいたことが不思議なくらいです。でも、それに気付いた時、わたしは目が開かれる思いでした。気付いたこととは、これが祈りだということです。

当たり前だと言われれば、そのとおりです。しかし、祈りなのだと悟ったことは、わたしにとってとても大きな意味を持ちました。パウロはここで、神学的な講義などしてはいません。心を込めて、思いのかぎりを尽くして、祈っているのです！

そうであれば、重要なことはパウロの思想研究をすることではなく、パウロが何を願い、何を望み、何を祈り求めているかを知ることです。そう気付いてからこの箇所を読み直してみると、この箇所がとてもよくわかるようになりました。パウロはただ一つの根本的なことを祈り求めています。神がどんなに深く、強く、切に、エフェソの人々を愛していることか、そのことを気付いてもらいたいと願って、祈り求めているのです。それがこの箇所のすべてだと言ってもよいでしょう。パウロは2・1で、こう書いています。

あなたがたは、以前は自分の過ちと罪のために死んでいたのです。

2・12でさらに言い換えて、こう語ります。

そのころは、キリストと関わりなく、
イスラエルの民に属さず、
約束を含む契約と関係なく、
この世の中で希望を持たず、
神を知らずに生きていました。

よくもこれだけたくさん並べたものです。あなたがたは、以前は神と無関係な者にすぎなかった。神とは赤の他人だったということです。しかし、今はそうではありません。神がわたしたちを、神の子にすることを決めてくださいましたから。1・5でパウロはこう告げました。

イエス・キリストによって神の子にしようと、
御心のままに前もってお定めになったのです。

そして2・19ではこう宣言しています。

あなたがたはもはや、外国人でも寄留者でもなく、
聖なる神の民に属する者、神の家族です。

かつては神と無関係な者にすぎなかったのに、いまではあなたがたは神の子とされている。今は、あなたは神の家族だ。それが、エフェソ書の中心主題です。

神を知らず、神と関わりなく、神と敵対するような生き方をしていた者を、なぜ神は我が子として受け入れようと定めたのでしょうか。しかも、神の御子キリストを世に遣わし、キリストが十字架にかかられてまで成し遂げるとは。無関係であった者が、子として受け入れられる。パウロは、養子を迎えることと関連づけているように思われます。何のつながりもない孤児を自分の子どもとして迎え、家族の一人として受け入れることをイメージしているのです。

養子を迎えることは、親になる人にとっても、迎えられる子どもにとっても、とても重大で困難を伴うことです。何の関係もない人に突然、「きょうからあなたはわたしたちの子になるのだよ」と言われ、その人たちの家族にされた孤児は、どう感じ、何を考えるでしょうか。「おとうさん、おかあさんができた」と喜び、「おとうさん、おかあさん」と呼ぶ人がいる嬉しさを感じるでしょう。始めは少しぎこちないでしょうが、もう孤児ではないのです。しかし、その子は同時に、心配と恐れも併せ持っています。そして、ときどき疑いも湧き出てくるかもしれません。どうして自分が子として受け入れられたのだろうかという疑問です。誰かの代わりなのだろうか？　こきつかう奴隷のような者として連れて来られたのだろうか？　家業のための労働力が必要だからか？　かわいがるためのペットとして？　生きている玩具としてか？

一番恐れるのは、不出来なために失格者にされ、また捨てられることです。もし「良い子」でいることができなかったら、お前ではだめだと言われて捨てられたり、別のもっと良い子と取り替えられるのでしょうか。「愛している」と言われるけれども、厳しい態度で叱られることもあります。そのたびに疑念がわきあがり、不安と恐れが出てくることでしょう。その子が、確信をもって、喜びと安心に満ちて、わたしのおとうさん、わたしのおかあさん、そう呼ぶのは、どんなに深く愛されているかを悟ってからです。その時こそ、恐れと不安から解き放たれ、子とされている喜びと感謝に満ちることでしょう。そうなるまで、親は忍耐強く愛し続け、子は愛されている体験を重ねてゆくことが必要です。

パウロはそのようなイメージを、神と信仰者の関係に見ています。天の父なる神は、ちょうどそのような父であり、わたしたちは神に子として受け入れられた子どものようなものです。わたしたちは、キリストを通して神の子とされ、神の子として受け入れられたと信じます。しかし、わたしたちは時として心配になり、神に対する恐れと不安を抱きます。大きな苦難や災いが降りかかる時には、わたしたちは神の愛を疑いさえします。神は、わたしたちが「良い子」であるかぎりにおいて、わたしたちを受け入れてくださるのだろうか。わたしたちが神に従順で忠実なら、神は恵み祝してくださるが、わたしたちが不従順であったり、神の期待にそぐわないときは、神に罰せられたり、見捨てられたりするのだろうか。

パウロはエフェソ書で、言葉を尽くし、力を尽くして、神はそのような方ではないことを証します。

憐れみ豊かな神は、わたしたちをこのうえなく愛してくださった。

2・4でパウロはそう断言します。しかし、いくら言葉で「愛している」と言われても、魂の奥底の確信にはなりません。理屈で愛を説明したからといって、愛がわかることはありません。愛されているという実感、愛されているという体験、それは、知識ではなく、霊的な体験に他ならないからです。

だからパウロはここで、神の前にひざまずいて祈るのです。聖霊の力が働かなければ、神の愛を悟ることはできないからです。神の愛を実感すればするほど、恐れと不安は減ってゆくことでしょう。神の愛を確信すればするほど、安心と信頼が増してゆきます。神の霊が働けば、内なる人は強められ、神の愛にしっかりと立つ者とされることでしょう。でも、人間は弱い存在です。わたしたちはここでも疑いを抱きます。「わたしには神の霊は働かないのではないだろうか」と。

それに対する答えを、パウロは最初に用意していました。神の霊が働かないという人はいない。それがパウロの確信であり、わたしたちに対する保証です。パウロはこう述べてから、神の霊のことを告げるのです。

御父から、天と地にあるすべての家族がその名を与えられています。

この言葉は、以前はわたしにとって謎でした。前後となんの関係もない言葉のように思われました。しかし、そうではありませんでした。「家族」と訳された言葉は「氏族」「部族」「家柄」の意味です。どんな出自であろうと、どんな血統であろうと関係なく、すべての人が例外なく

「父なる神から名を与えられている」。その意味は、神によって造られ、命を与えられ、神によって覚えられているということです。だからこそ、神の霊が働かない人はいません。誰も、神から「あなたを知らない」とは言われず、「おまえはわたしとは関係ない」とは言われない。そのことを最初にパウロは明言して確信させるのです。

そのことは、イエス・キリストご自身の約束に根拠を持っています。キリストが天に昇られる時、弟子たちに約束なさいました。使徒言行録1・8に主キリストの言葉が記されています。

あなたがたの上に聖霊が降ると、あなたがたは力を受ける。

その約束は、聖霊降臨祭（ペンテコステ）の日に現実となりました。そのことを踏まえて、パウロは祈ります。

どうか、御父が、その豊かな栄光に従い、
その霊により、力をもってあなたがたの内なる人を強めて、
信仰によってあなたがたの心の内にキリストを住まわせ、
あなたがたを愛に根ざし、
愛にしっかりと立つ者としてくださるように。

神の深い愛を知り、その愛によって生かされている人は、神への深い感謝と、神への賛美を抱いて生きることでしょう。ちょうど、わたしたちがそうしているように。わたしたちの感謝と賛美、それこそが、神の栄光となるのです。

4・1〜6

祈りを受けて、エフェソ書は次の段階、勧告へと移る。1〜6節までは勧告部分の導入にあたる箇所であり、それだけに著者が何を最も強く願っているかが表明される。ここで強調されるのは、「一つ」であることと、そのことに基づく「一致」である。

1節

「わたしは勧告する（パラカロー）」は、典型的な勧告部分の始まりを明確にする。信仰的な教えもしくは神学的な議論の展開に続いて、具体的な教えが続く、パウロの手紙の特徴を踏襲している。エフェソ書の場合、ここからの勧告は三章の祈りを受けてのものである。その繋がりを明確にするために、著者は「そこで（ウーン）」によって接続する。ここでもパウロはふたたび、自分自身を「主に結ばれて囚人となっているわたし」と表現することによって、3・1の祈りとの結びつきを明確にすると同時に、「主にある囚人」という主のための苦難を受けている特別な立場の者からの勧告であることを強調して、勧告にいっそうの重みを与えている。

「わたしは勧告する」を受けるのは、不定詞「ペリパテスサイ（歩くこと）」である。「神から招かれたのですから、その招きにふさわしく」は直訳では「あなたがたが召されたその召しにふさわしく」。「召された」は目的もしくは使命を帯びた召命を意味する。「あなたがた」は目的をもって神に召された。その召しにふさわしく歩む（生きる）ことが、勧告全体の意図するところであり目指していることである。

2節

2節は二つの「メタ（と共に、をもって）」によって「歩く」にあたっての状態もしくは態度を告知する。召しにふさわしく歩む信仰者は、すべての（あらゆる）謙遜さ（パテイノフロスネー）と柔和さ（プラウテース）、忍耐（マクロスミア）を抱いて歩むのでなければならない。さらに著者は分詞の主格を用いて、彼らが歩む時の状態をもう二つ付け加える。「愛をもって互いに忍耐しなさいと。

3節

分詞によるもう一つの付加は「平和のきずなで結ばれて、霊による一致を保つように努め」ながら。著者は「霊の一致を保つことに最善を尽くす」と述べる。霊の一致を作り出すことが求められているのではなく、保つための努力が求められている。霊の一致がすでに与えられていることが前提である。ただ、霊の一致が顕在化するように努めることが、信仰には求められる。霊の「一致」という表現の中に、4節以下に述べられる「一つ」の強調が先取りされている。「平和のきずなのうちに」は、2・14以下のキリストの平和を前提としている。信仰者はすでにキリストによる平和で結ばれている（あるいは、縛られている）ことを前提として歩まねばならない。

4節

著者は4節以下で、「ふさわしく歩む」ことの大前提を述べる。なぜ彼らがそのような生き方をすべきなのか。それは4節以下の事実の中にあるからである。

4節、5節には六つの「一つ」が列挙される。最初に体と霊が、「一つの体と一つの霊（ヘン・ソーマ・カイ・ヘン・プニューマ）」という組み合わせとして挙げられる。体は教会を指す。一人の主であるキリストが教会の頭であり、「教会はキリストの体」であることを、すでに著者は1・22〜23で明らかにしている。そのことを踏まえての「一つの体」である。頭と体の一体性は、単に教会という範疇を超えて、救いのわざが完成される時には「あらゆるものが、頭であるキリストのもとに一つにまとめられ」る宇宙論的な規模が前提とされている（1・10）。その体がキリストの体としての意味を持つのは、神の霊による（1・17、2・18、22、また1・23を参照）。

続けて著者は、「一つの希望」について、「一つの体と一つの霊」と並置もしくはたとえる仕方（ように）で言及する。体と霊の「一つ性」に加えて、それが未来を指向するものであることを告げる。信仰者は召された時に同じ「一つの希望」の中に召されたのであり、その一つの希望が信仰者を一つに結ぶきずなに他ならない。それは「聖なる者たちの受け継ぐもの」（1・18）を受け継ぐ希望であり、「神の秘められた計画」が実現すること（3・9）である。教会はキリストを頭として神の霊によって結ばれた、一つの希望を目指して歩む神の民である。

5節

三つの信仰告白的な「一つ」が、男性形、女性形、中性形で列挙される。「ヘイス・キュリオス、ミア・ピスティス、ヘン・バプティスマ」と。見方によっては、4節が全信仰者の共通基盤を述べるのに対して、5節の三つの表現は、個々の信仰者が何によって神と結ばれているかを明らかにしていると言えるかもしれない。誰もが皆、一人の方を主と仰ぐことによって神を見上げ、同じキリストを信じる信仰によって神への信頼を抱き、洗礼によって一人の主キリストと結ばれることによって神の民、神の家族として受け入れられている。

6節

そこで、著者はそれら「一つ」の究極の要、一つが目指す方「一人の神にしてすべてのものの父」に至る。この方(神)がどのような方か。「すべてのもの」とどのような関係にあるのか。著者は最後に、賛歌のような響きを持つ言葉で、この箇所を終える。「この方(彼)は、すべてのものの上にあり、すべてのものを貫き、すべてのものの内におられる」。

説教　神に招かれた者らしく

エフェソ4・1〜6
イザヤ61・10〜11
ヨハネ8・12
詩編96

「囚人」。パウロは自分のことをそのように呼びます。犯罪を犯したことによって囚人とされているわけではありません。パウロは自らをこう表現しています。

そこで、主に結ばれて囚人となっているわたしはあなたがたに勧めます。

それにしても、「囚人」とは激しい言葉です。事実、パウロはキリストを信じ、キリストを宣べ伝える使徒として、エフェソで監獄に入れられ、囚人とされた経験があるのです。

しかし、エフェソの信徒への手紙でパウロが自らを囚人と呼ぶのは、もっと大切な、別の意味があってのことです。それは、イエス・キリストに捕らえられているという意味です。同じ「囚人」という言葉を、パウロは三章の始めにも使っています。

こういうわけで、あなたがた異邦人のために
キリスト・イエスの囚人となっているわたしは……。

この言葉の続きは14節にあります。

こういうわけで、わたしは御父の前にひざまずいて祈ります。

キリストの囚人であるパウロが、エフェソの人々のために祈り、その祈りに基づいて、パウロは勧告を語ります。実際、エフェソの信徒への手紙4章以下は、パウロによる勧告です。その勧告部分をパウロは、こんなすてきな言葉から始めました。

神から招かれたのですから、その招きにふさわしく歩みなさい。

「招かれた」と訳された言葉は、「召された」「呼び出された」の意味です。単なる招待とは違います。はるかに偉大な力と威光を持つ神ご自身によって、わたしたちは「来てください」と招かれたということです。もちろん、神の招きを断ることはできます。「わたしは行きません」と断れば、神は強制したりはしません。断られたからといって、神は怒りの裁きを降すこともないでしょう。聖書は、招きを断られたにもかかわらず、神が絶えることなく手を差し伸べてきたと語りますから（イザヤ65・2）。また、主イエスはこう言われましたから。「わたしは戸口に立っていて、叩き続けている」（黙示録3・20、私訳）。

しかし、わたしたちは神の招きを断りませんでした。むしろ、わたしたちは神の招きを受け、喜んで応答したのでした。神の招き（召し）に応答した者たちの群れ。それが、わたしたちです。天地万物の創造主である唯一の神から招かれ、その招きに応じて、わたしたちは集っています。どのような立場の者として、わたしたちは招かれたのでしょうか。しばらくの間、神のもとに滞在するだけの客としてでしょうか。いいえ。神の家に雇われる召し使いか従業員としてでしょうか。いいえ。わたしたちは、子としての身分を授けられ、神の子としての立場へと招かれたのです。

なんのために呼び集められたのでしょうか。一つの、同じ希望にあずかるためです。わたしと皆さんとは、いろいろ違います。でも、同じ希望を持つ者同士です。皆さんの前後左右の人たちも、その同じ希望を抱いている者同士です。神によって招かれた人は、千差万別です。あらゆることが異なっています。性別、年齢、民族、人種、健康状態、性格、考え、教育、収入、好み……。そんなわたしたちが、神に招かれ、一つの群れ、一つの民に集められている。それはとても不思議な、奇跡的なことです。

普通なら、ひとときは一緒に集まっていても、すぐに違いや対立や反目が生じて分裂しばらばらになるのが関の山。そうならないのは、違いをはるかに凌駕する同じ希望、同じ祈り、同じ神の、同じ救いがあるからです。でも、それはわたしたちが絶えず意識していなければなりません。何が本当に大切なことかを見失い、何がわたしたちの究極の望みなのかを考えなくなり、誰によって一緒の所に招かれているかを思い起こさなくなれば、神の招きはあまり大切に思われなくなることでしょう。

きょうの手紙の箇所には、驚くべきことがあります。なんとパウロは、4～7節で七回も「一」という数字を挙げているのです。

体は一つ、霊は一つ、一つの希望、
主は一人、信仰は一つ、洗礼は一つ、
神は唯一。

七つの事実、七つの力、七つの神の恵みによって一つにされている。それが、わたしたちの正体、すなわち、神に招かれた者の特質なのです。パウロはそれほどまで強烈に、わたしたちが一つであると強調します。しかし、その一致、その一体性は、軍隊や全体主義のような強制的、拘束的な管理による統合ではありません。喜ばしい、自由に満ちた、感謝の源となる一致です。

パウロは、教会に集う人々がどんなに異質な者同士かをよく知っています。ユダヤ人とギリシア人が一つになるなど、考えられないことでした。敵と味方が兄弟姉妹と呼び合うなど、ありえない世界でした。そんな本質的に異なる者同士が、和解し、喜び合い、祈り合う。それが教会だとパウロは言います。多様性や異質さを、パウロは抑圧したり排斥したりしません。むしろ、多様で異質な者同士が、違いをはるかに凌駕する神の愛により、キリストを通して同じ神の民とされ、一つのキリストの体とされている。そうパウロは断言するのです。

パウロは決して、「あなたがたは一つになりなさい」とは言いません。なぜなら、エフェソの教会の人々はすでに一つとされているからです。彼らは、今すでに一つなのです。わたしたちも、今すでに、一つとされています。だからパウロは、確信をもってこう勧告しました。

神から招かれたのですから、その招きにふさわしく歩み、

霊による一致を保つように努めなさい。

一つにされた者同士ですが、あいかわらず多様で異質な者同士です。考えや意見、生活習慣や性格の違いに目を向け、違いを一番の問題と考えるようになれば、不快感や嫌悪感、対立や反感が神の招きを崩してしまいます。だからこそパウロは、七つの「一つ」を列挙しました。

キリストの体である教会、
わたしたちに宿る神の霊、
わたしたちの抱く希望、
わたしたちが結ばれている主キリスト、
わたしたちの抱いている信仰、
わたしたちの受けた洗礼、
そして天地の造り主である神。

これら最も根本的な七つのことにおいては一つであり、それらは、わたしたちすべてにとって共通の宝物なのだと。わたしたちは、同じ舟に乗って共に天を目指して旅する航海の仲間です。わたしたちは、一団となって神の国を目指して荒れ野を旅する、キリストを羊飼いとする羊の群れです。その旅の途上、わたしたちは必ず課題や困難に出会うことでしょう。必ず、なんども試練や嵐に遭うことでしょう。旅の途上、何をどうするかを巡って考えや意見が違い、時には対立さえ表面化することがあるでしょう。その時、自分たちは何者なのか、わたしたちの正体が問われます。わたしたちが根本的な「一つ」であることを見失わないかぎり、神の愛による絆と、聖霊による一致を信じるかぎり、わたしたちの違い、多様性、異質性は祝福となります。違うものが一つであるからこそ、豊かさと命にあふれるからです。

誰も、おまえはいらないと言われず、誰も、きみはここに合わないと言われず、誰も、拒まれず、排斥されず、疎外されない、愛に根ざした交わりを喜び合えるからです。

パウロはここで、注意深く神について語ります。神の霊は一つ、主キリストは一人、父なる神は唯一と述べるのです。聖霊、御子キリスト、父、三位一体の神について語ります。父と、子と、聖霊は、同じではありません。それぞれ独自性を持ち、固有の性質を持ち、神の内に多様性があります。しかし、三者は愛の交わりにおいて一つであり、根本的な一致において唯一の神です。後に、三位一体という言葉で表現されることになる、神の多様性と根本的な一致、それをパウロは、教会の交わりの手本と見なしています。

互いに異なるからこそ、生き生きとした対話があり、違うからこそ交わりの豊かさがあり、自分とは異なるからこそ互いへの尊敬を抱き合い、しかし、根本において一つだからこそ喜びに満ちる。この三位一体の神の姿こそ、神に招かれた者すなわち、わたしたち教会の姿の手本です。神に招かれた者らしく、その信仰的な確信をもって、わたしたちは歩んでゆきましょう。

4・7〜16

6節までで著者は、「あなたがた」すなわちエフェソの人々（異邦人）が、同じ神の招きを受けて一つとされたことを強調してきた。7節からは、すべての者が唯一の神にあって一つとされていることを前提として、著者たち自身を含めての一人称複数「わたしたち」へと移行する。一つとされているという強い一致を前提として、7節からは一致の内にある多様性が一つのキリストの体においてどのような意味と目的を持つかを述べる。

7節

6節までの「一」の羅列を受けて、7節も「一つへと（へニ）」が続く。しかし、この「一」は「わたしたちそれぞれに」と組み合わされて、全体としての一つではなく、「わたしたち」の中の個々人を指している。各自は「キリストの賜物のはかりに従って（ヘー・カリス・カタ・ト・メトロン、テース・ドーレイアス・トゥー・クリストゥー）」与えられた。賜物と結びついた「はかり」という言葉はローマ12・3を思い起こさせる。著者はローマ書の言葉を踏まえているのかもしれない。個々人の賜物が異なるのは、キリストの賜物（ドーレア）のはかりに従って与えられているからであり、賜物が同じでないのはキリストによる。しかし、それらの異なる賜物は等しく「恵み」である。与えられているのは「恵み」であって、それが異なる賜物として与えられている。受動態が用いられることによって、人の能力ではなく神から与えられたものであることが明確にされる。

8節

「そこで（ディオ）」によって、こうした賜物理解の根拠が聖書に基づいて示される。引用されているのは詩編68・18だが、旧約本文とは一致しない。神に向けられる二人称ではなく、三人称の主語に変換されている。こうすることで、キリストを主語に置く。高い所に昇るのも、捕らわれ人を連れてゆくのも、賜物を与えるのも、彼（キリスト）の行為であることを根拠づける。

9節

著者はここで、「昇った」からには「降った」はずだという論理を修辞学的疑問文で提示する。詩編の引用で「高い所（ヒュプソス）」があるので、それに対応して「より低い所（カトーテラ・メレー）」に降ったと述べる。そして低い所とは「地の」に他ならない。

10節

「降って来られた方自身」が、「昇った方」であり、「すべての天よりもはるかに高く」昇った。その目的はヒナ節で示される。「すべてのものを満たすために」と。

「すべてのもの」が万物を意味するとすれば、天よりもさらに高く昇ったキリストは、そのことを通して、なんらかの仕方ですべてのものを満たすことになる。エフェソ書の著者は、それがキリストの体における頭としての充満を指すと考えている。2・22、3・16との関連で考えるなら、霊による充満が考えられているのであろう。高く昇ったキリストは、霊において（降り）、教会に満ちている。

11節

「与えた」の主語である彼（キリスト）は、「アウトス」によって強調される。直訳すると「そして彼自身が、使徒を、また預言者、福音宣教者、牧者、教師たちを与えた」。著者は「メン……デ、デ、デ」を用いることによって、それぞれの固有性と多様性を際だたせている。異なる賜物としての個々の存在に意味があるからである。彼らに賜物が与えられているというよりも、著者の表現ではそれぞれに与えられた恵みによる役割を担う、彼らの存在そのものが賜物と見なされている。一コリント12・28でパウロが挙げている、順序を伴う職務の一覧（第一に使徒、第二に預言者、第三に教師、その次にいやす賜物を持つ者、援助する者、管理する者、異言を語る者）との対比で見ると、福音宣教者、牧者という職務がカリスマ的な職務に代わって含まれている。教会の継続的な働きが職務と結びついて制度化されてゆく時期を反映しているのかもしれない。

12節

明らかに指導的な職務が教会に与えられている理由が明らかにされる。それは「聖なる者たちを訓練するため」であり、その訓練は奉仕の働きと、キリストの体の建て上げのためである。11

節であげられた職務者は、教会全体が訓練され、キリストの体を建て上げることのため、すなわち全体の益のために与えられている。

13節

「～に至るまで」という目標点を示す「メクリ」は、聖徒の訓練と体の建て上げが何を目指すかを明らかにする。「すべての者が到達するまで」であり、その到達点とは、「信仰と神の御子の（についての）知識とによる一致」であり、「完全な人へと」到達すること、そして「キリストの充満の計りが満ちるまで」である。「ヘーリキア」は時代、年、高さなどを意味する。「キリストの満ちあふれる豊かさになるまで」という新共同訳の訳は意味のつかみにくい句の翻訳として無難であろう。ＥＫＫは「キリストの充溢の計りがいっぱいになるまで」と訳す。

14節

「ヒナ」によって導入される結果節は、信仰的生活の現実がどうあるべきかを明らかにする。「未熟な者（ネーピオイ）」は「幼児」「子ども」「未成年」。前節の「完全な人」と対比されている。成熟していない信仰者は、「人々を誤りに導こうとする悪賢い人間の、風のように変わりやすい教えに、もてあそばれたり、引き回されたり」する。そうであってはならない。

15節

では、どうあるべきか。「そうではなく、愛において真理を語りつつ、すべてにおいて彼へと、（すなわち）頭であるキリストへと成長しよう」。「アウクセーソーメン」を一人称命令の接続法と解釈する。

16節　その成長はどのような仕方によってなされるかを、著者は説明する。これまで述べられた賜物の固有性は、全体の一致の内にある成長のために機能する。エフェソ書は、固有の賜物をもって体のために働く人々の自由と喜びに深い配慮を見せているように思われる。体全体はキリストから力を得て、それぞれ各自に量り与えられた力にしたがって、愛においてそれぞれを建て上げることで、体を成長させてゆく。

説教　ついには、わたしたちは

エフェソ4・7〜16
創世記28・10〜22
ヨハネ11・25
詩編93

難しすぎて理解できない話を聞かされると、わたしたちの魂はトリップして、あてどなくさ迷

い始めます。エフェソの信徒への手紙の、きょうの箇所は、まさにそんな箇所です。

文字を追いながら読んでいても、心はいつの間にかここにはありません。読まれているのを聞いていても、きっと皆さんは、知らない異国語がアナウンスされている空港で、音が流れていても心には届かない、そんな感じがしたことでしょう。確かに、きょうの箇所は文章も内容も難しいように思います。解説書を何冊か読んでみましたが、わたしが発見したことと言えば、解説書を書いた人が、すばらしい能力の持ち主だということでした。もとの文章よりも、さらに難しい解説を書くことができるということです。

しかし、実はパウロがこの箇所で言いたいことは、ただ一つのことだけです。その一つのことは、「ついには（メクリ）」という一語に集約されています。日本語で「ついには」と訳された言葉は、「～まで」「～に至るまで」という、到達目標を示す言葉です。ついには何に至るのか、ついにはどこに到達するのか。その目標点を目指させる一語こそが、この箇所の焦点です。

わたしたちは、神の民とされています。神の民は特別な人たちです。ただ毎日を普通に生きているだけではなく、神の民は、最後に行き着く目標点、わたしたちが到達する目的地を望みながら生きる人ですから。この「ついには、わたしたちは」という言葉は、わたしたち神の民が何を希望として抱き、何を目指しながら生きているのか、その一事を思い起こさせる言葉です。

パウロはここで、エフェソの人々とわたしたちに、何を希望として目指しながら生きているのかを伝えようとしています。わたしたちは毎日、いろいろなことに追われています。仕事や勉強、生活を維持するためのいろいろな作業や雑事、家計のやりくり、自分や家族のためのレクリエーション、人によって何に追われているかの内容は違うことでしょう。でも追われてあっというまに日々が過ぎるのは、みんな同じです。地上の生活に追われ、地にばかり目を向けて生きている。それがわたしたちの現実です。日曜日がなかったら、わたしたちは一週間の内、いったいどれくらい神のことを思い、心を向けるでしょうか。もしかしたら祈りでさえ、あわただしさの中で神に心を向けないまま、ただの決まり切った言葉にすぎなくなってしまうかもしれません。わたしたちの目も、心も、魂も、地上のことに捕らわれています。

そんな現実の中で、わたしたちは喜んだり悲しんだりします。楽しんだり苦しんだり、笑ったり泣いたりしています。この地の上で、わたしたちは昇ったり降ったり、高揚させられたり消沈させられたりを繰り返しています。ささいなことも多いことでしょう。特売の店を見つけて安く買えたといって喜び、買った後で、同じものがすでに家にあるのを発見して落胆します。

もっと深刻なことも起きます。新しい命が誕生して大きな喜びを抱きます。愛する者との別れを体験して悲しみの淵に沈みます。頂点にある時は、天にも昇ったかのように思い上がり、どん底に沈む時は、生きる甲斐さえも失ったかのようにふさぎ込みます。しかし、それらの体験は、実際に天に昇ったり、陰府に降ることと比べれば、本当にわずかな上り下りにすぎません。地の上で、ほんの数メートル上がったり下がったりする程度のものです。どんなに過激な上り下りを繰り返すジェット・コースターでも、実際には地上に張りついているにすぎないのと同じです。

地の上のことばかりにしか目と心を向けないのだとしたら、それがすべてのように思われることでしょう。

わたしたちは、そのような拘束から解放されました。わたしたちは、この地上で生きている中で、キリストを信じました。そのことが意味するのは、わたしたちの目と心が天へと向けられたということです。地の上の数メートル程度を激しく上下に揺り動かされている最中に、わたしたちはキリストを通して天と繋がれ、天のキリストが霊においてここに来て共におられることを体験したのです。

きょうの旧約聖書は、アブラハムの孫にあたるヤコブの体験です。ヤコブは、年老いた父イサクが、兄エサウに神の祝福を渡そうとした時、父をあざむいてエサウになりすまし、兄が受けるはずの神の祝福を横取りしてしまいました。兄は激しい怒りで、弟ヤコブを殺そうとまで恨みます。兄の殺意から逃れるため、ヤコブは家族を離れ、孤独で逃避行をするはめになりました。かなたの母の実家まで逃げる途中、石を枕にして眠っていると、天と地を繋ぐ階段を、天使たちが上り下りしている幻を見せられました。地上の出来事に揺り動かされ、失意と孤独の中にある時、ヤコブは天と繋がれていることを示され、神との交わりを体験したのでした。失意の中にあるヤコブの傍らに、神が立ち、語りかけます。

わたしは、あなたの父祖アブラハムの神、イサクの神、主である。
地上の氏族はすべて、あなたとあなたの子孫によって祝福に入る。

見よ、わたしはあなたと共にいる。
あなたがどこへ行っても、わたしはあなたを守り、
必ずこの土地に連れ帰る。
わたしは、あなたに約束したことを果たすまで決して見捨てない。

この時、ヤコブにいったい何が起きたのでしょうか。神はヤコブに、どんな希望を抱いて生きるべきかを告げ知らせたのです。地上の生涯でどのような体験をしているにせよ、天の神と繋がれて、その交わりの中で生きる人は、神の約束に望みを置き、希望を抱いて生きるようになります。

パウロはきょうの箇所で、ヤコブの体験と同じことを告げています。地上のことに心を占領されてしまうわたしたちの目を天に上げさせ、わたしたちが何を望みとして生きるべきか、どこを目標点として目指すべきかを思い起こさせるのです。なぜなら、わたしたちの救い主キリストは天から降って来られ、死んで陰府にまで降り、よみがえり、天に昇り、また聖霊において地にいるわたしたちのもとに降り、今、わたしたちと共にいて、わたしたちを導いておられるからです。

霊においてわたしたちのもとに降って共におられるキリストは、わたしたちをどこへと導くのでしょうか。その究極の目的地は、天の故郷。いつかわたしたちが、ついにそこに行き着けば、「ついには、わたしたちは」皆、「完全な人」となるでしょう（日本語聖書は「成熟した人間」と訳していますが、「完全な人」「完成された人」の意味です）。今は、わたしたちは誰も完全ではなく、完成されていません。天においてて霊の体によみがえらされる時、完成されます。その時こそ、キリストの満ちあふれる豊かさにあずかる、究極の完成された人とされる。その完成を望みながら、そこに至ることを希望として抱きつつ、今を生きる神の民。それがわたしたちです。

「ついには、わたしたちは」どうなるのか。そのことを知り、望み見ながら生きるのであれば、わたしたちが今をどう生きるかもまた、方向づけられます。そして神は、キリストを通して、聖霊の働きの内に、この目標点へと向かう歩みを導いてくださいます。わたしたちもまた、どこを目指し、何を望んで今を生きるか、そのことをはっきりと心に留めていましょう。すなわち、わたしたちは「風のように変わりやすい教え」に振り回されることなく、愛に根ざして互いのために、自分に与えられた恵みの賜物を用い合い、キリストの体である教会を造り上げ、天におられる、教会の頭であるキリストに向かって、成長してゆきましょう。

わたしたちは皆、異なる恵みの賜物を受けています。その違いは、地上的な目でしか見ないならば、分裂や対立、反感や不快感の原因になってしまうでしょう。しかし、わたしたちが互いの違いを生かし合う一つの体、教会というキリストの体であって、「ついには、わたしたちは」一つの目標点に行き着く、一つの群れであることを認め合い、確信しあっているなら、その違いは、パウロが断言していることを実現する恵みとなります。パウロは確信を込めて書きました。

キリストにより、体全体は、あらゆる節々が補い合うことによってしっかり組み合わされ、結び合わされて、

おのおの部分は分に応じて働いて体を成長させ、
自ら愛によって造り上げられてゆくのです。
その先に、「ついには」わたしたちが至るであろう、究極の完成を望み見ながら。

4・17～24

17節

著者は前の議論を踏まえて次の議論を積み重ねてゆく方法で論述する。そのために4・1に続き、「そこで（ウーン）」によって引き継ぎ、「主にあってこのことを語り（レゴー）、強く勧める（マルトゥロマイ）」と動詞を二つ重ねて勧告する。「もはや」は以前の状態がどうであったかを示唆する。それは「異邦人と同じように歩んで」いたことである。しかし、もはや「異邦人と同じように歩んではならない」。「タ・エスネー」は本来、ヘブライ人以外の「諸民族」を意味して用いられた。ここでは民族や人種を指すのではなく、神を信じていない人々を意味する。続いて描写される「諸民族」の特徴は、極端なまでに否定的で辛辣である。「考えにおいて彼らの虚しさの内に」歩むとは、神を前提としないゆえ空虚「マタイオテース」である（ローマ1・21）。

18節

「思い（ディアノイア）」は理性もしくは思惟。「思いが暗くされる（エスコトーメノイ）」は心の目が闇に閉ざされ、真実を見ることのできない状態を指す。神の霊による知恵と啓示が、「心の目」（1・18）を開く。それまでは、つまり「異邦人」であった時の状態は、すでに2・1～3で詳しく描写されている。

「神の命から疎外されていて」は2・1の「死んでいた（オンタス・ネクルース）」状態の原因。神が命の源であり、神なしには命はない。

続けて著者は、何が神から疎外させていたのか、その理由を二つのディア＋対格で表現する。「彼らの中にある無知」と「彼らの心のかたくなさ」のためにと。

19節

そうした状態の結果を、著者は19節で辛辣にまとめる。「無感覚になって放縦な生活をし」、「貪欲さの中であらゆる不純なふるまいをしている」。ここで表現されているのは、物欲を満たすことを目的とした生き方である。

20節

「あなたたちは、しかし、ではない（ヒューメイス・デ・ウークス）」から始まる強い否定によって、著者は現在の「あなたたち」すなわち信仰者のあり方へと論を進める。「キリストからそのように学んだのではなかった」と。

21節

「もし、確かに（エイ・ゲ）」、彼らが「彼（キリスト）に聞き、彼にあって教えられた」のであるならば。なぜキリストに聞き、学ぶことが、異邦人の生き方と異なることになるのか。その根拠を著者は付加する。「真理がイエスの内にある、そのように」。

22～24節

そこで、著者は22～24節で、三つの命令法によって勧告を与える。

アポセスサイ　　脱ぎなさい

アナネウースサイ　新たにされなさい

エンドゥサスサイ　着なさい

脱ぐのは、「古い人（トン・パライオン・アンスローポン）」である。それは「以前の振る舞いのように情欲に迷わされ、滅びに向かっている」ものにすぎない。

新たにされるのは、「あなたがたの思い（思惟）の霊によって」。わかりにくい表現は、「あなたがたの思いが新たにされなさい、（神の）霊によって」と解釈すべきであろう。

着るのは、「新しい人（トン・カイノン・アンスローポン）」である。この新しい人は真理による義と聖において「神にかたどって造られた（トン・セオン・クティスセンタ）」。

著者はここで「古い人」「新しい人」を脱ぎ、着るという表現で描写する。この二つの「人」は、外面的、物理的なものを意味してはいない。したがって、脱ぎ・着るということも物理的行為ではなく、霊的なことがらと考えるべきである。「人」の本質は変わらない。しかし、その人が新たにされ、新しいものへと更新された。パウロはそのことを「新しい創造」と呼んだ。それは内的、霊的な新しさであり、具体的にはキリストとの結びつきによる神を知る者として生きることに他ならない。したがって、そのような人は具体的にどう生きるかが重要である。そこで、25節から著者は具体的な倫理を読者に示す。

説教　レッドカーペットを歩くように

エフェソ4・17〜24
アモス5・14〜15
ヨハネ12・44〜46
詩編一

キリスト者と、そうでない人には、何か違いがあるのでしょうか。ほとんどのことでは、違いはありません。わたしたちは他の人々と同じようにごはんを食べ、眠り、同じように学校や仕事に行き、同じように国籍を持ち、選挙に行き、政治に困惑させられます。他の人々と同じように結婚したり、しなかったりします。家族があったり、一人であったりします。同じようにテレビを観て、泣いたり笑ったり、喜んだり悲しんだりします。違いよりも、圧倒的に多くのことで、他の人々と共通しています。

キリスト者とそうでない人と、外見で区別できるわけではなく、キリスト者の方が、他の人々より性格が良いということもありません。わたしを含め、むしろ問題のある人が多いかもしれないです。個性の違いによって見分けることもできません。キリスト者にも、そうでない人にも、同じように、感情的な人もいれば理性的な人もいます。キリスト者にも、そうでない人にも、豊かな人と貧しい人がいます。健康な人と病に苦しんでいる人がいます。

それだからといって、もし何の違いもないとしたら、わたしたちがキリスト者である意味はなくなってしまいます。ほとんどのことでは違いがなくても、いくつかのことで、決定的に異なる点があるはずです。

皆さん、心の中で考えてみてください。キリスト者である「わたし」と、他の人々では、いったい何が、どのように違うのだろうかと。あまり思い浮かばない人は、後で来てください。もう一度、洗礼準備会をしてあげます。

もちろん、違いは外見的なことではありません。違いは、わたしたちの確信、希望、そして正体にあります。キリストによって罪が赦され、神の子とされているという確信。よみがえりと永遠の命がわたしたちの希望であること。天に国籍を持つ神の民という、わたしたちの正体。それが、わたしたちを他の人々とは決定的に異なる者としているのです。

その違い、つまりわたしたちの確信と希望と正体に基づいて、パウロはきょうの聖書箇所で、「強く勧め」るのです。「異邦人と同じように歩んではならない」と。「異邦人」とは、人種や民族のことではありません。神を信じていない人々を指しています。パウロは「異邦人」すなわち神を信じていない人々を、とても辛辣で、ひどいとさえ思われる極端な言葉で表現しました。

彼らは愚かな考えに従って歩み、知性は暗くなり、彼らの中にある無知とその心のかたくなさのために、神の命から遠く離れています。

これだけでも十分に辛辣です。しかしさらに続けて、こう語ります。

そして、無感覚になって放縦な生活をし、あらゆるふしだらな行いにふけってとどまるところを知りません。

ここまで言うかと思うほどに並べ立てています。まるで、神を信じていない人は皆、ならず者かごろつきのようです。しかし、パウロは、神を信じない人はろくでなしだと言いたいわけではありません。神を信じない人は、目と心を地上のことだけにしか向けないという事実を、このような言葉で指摘したのでした。

地上のことだけにしか目と心を向けない時、人は誰でも、金銭であれ名誉であれ、「世間並みかそれ以上」というものさしであれ、それらをより多く手に入れることを第一に追い求め、それらが手に入らないことや失うことを何よりも恐れ、人にではなく、自分自身でもなく、神に喜ばれることこそが重要であり、そのためには神の国と神の義を第一に求めねばならないという、最も大切なことを見失って生きることになります。そのような姿をパウロは、「異邦人のような歩み」と表現したのでした。

キリストを通して神を信じた人は、異邦人とは違う歩みをします。信仰に基づく生き方が求められるからです。信仰に基づく生き方。そのことをパウロは、とても興味深い言い方で表現しました。

古い人を脱ぎ捨て、新しい人を身に着けなさい。

ここでパウロは、文字通り「脱ぎ捨てる」「身に着ける」という、衣服を脱いだり着たりする時の動詞を使っています。装いを新たにして、神にふさわしい装いに着替えよ。パウロはそう命じているのです。

しかし、「古い人」を脱ぎ捨てるとは、どういうことでしょうか。「新しい人」を着るとは、どういう意味でしょうか。パウロは「脱ぐ」「着る」と言いますが、外側を飾る衣装や、外面的な装いでないのは確かです。なぜなら、「古い人」「新しい人」という言い方によってパウロは、わたしたちの人間としての存在そのものについて述べているからです。

パウロはここで、わたしたちの「内なる人」、つまり、人間性と人格性の根源を問題にしているのであり、霊的な意味での魂の装いについて語っています。わたしたちはキリストを信じたからといって、人間性、人格性、個性といった、自分のアイデンティティを失うわけではありません。わたしたちは自分自身のアイデンティティをしっかりと保ちながら、霊的な意味での新しい装いを内なる人にまとい、神の子としての国籍を天に持つ者とされ、永遠の命の望みを抱いて生きる者とされました。わたしたちはこの世において生きていますが、ただ生きているのではなく、神がキリストを通して示してくださる道を歩んでいるのです。

アカデミー賞の授与式をテレビでご覧になったことがあるでしょうか。毎年ハリウッドで催される、最も華やかなイベントの一つです。授与式に招待された人々のためにレッドカーペットが敷かれています。招待された人々は、レッドカーペットの上を歩いて祝宴の席に向かいます。晴れがましく喜ばしい宴席に向かって歩む招待者たちは、特別にあつらえた華やかな衣装に身を包み、みんなとても誇らしげで、喜びに満ちて歩んでゆきます。そこを歩く人々は、世界中から注目されています。ですから、誰もが皆、カーペットの先に用意されている祝宴を目指し、その道にふさわしい態度で歩みます。

パウロは、きょうの聖書箇所で、それと似たことを物語っているのです。信仰者は誰もが皆、この世を歩んでいます。しかし、ただ漫然と適当に歩んでいるのではありません。わたしたちの歩む道は、神によって備えられた特別な道、霊的なレッドカーペットが敷かれた道です。そして、その先には約束された天の国の祝宴が待っているのです。イエス様はしばしば、天の国を嬉しい祝宴の席にたとえて語りました。わたしたちは今、天の国の嬉しい祝宴に向かい、そこを目指してこの世を歩んでいる最中です。

まだ宴席に着いてはいません。しかし、今歩んでいる道は、間違いなくそこに至る道、天の国に至る霊的なレッドカーペットの道です。その道を歩むわたしたちは、周囲の人々から注目されています。わたしたち自身、この喜ばしい道から閉め出されたくありません。ですから、そこを歩むにふさわしい装いに身を包み、その道を歩むにふさわしい態度と言葉と振る舞いを心がけます。そして何よりも、喜びにあふれ、誇らしげに歩んでゆきます。

わたしたちは、その道を今、ふさわしい装いに身を包んで歩んでいます。ふさわしい装い。それは、外面的な見える装いのことではありません。それは、新しい人を着ることであり、霊的な装いを魂に着ることです。わたしたちは、異邦人と同じような仕方でこの道を歩んではなりません。レッドカーペットとは無縁な人々が歩くのと同じような態度や、同じような似つかわしくない装いで歩むのではなく、その道を歩くにふさわしい装いで歩むべきです。パウロは、そんなふさわしい装いのことを、こう表現しました。

キリストについて聞き、
キリストに結ばれて教えられ、
真理がイエスの内にあるとおりに学んだはずです。

わたしたちが天の国へと向かう道を歩む上での霊的な装いとは、キリストに聞くこと、信仰によってキリストと結ばれていること、キリストの与えてくださる真理を喜ぶこと、すなわち神の国と永遠の命の望みを抱くことです。それが、わたしたちの霊的な装いであり、霊的なレッドカーペットを歩くにふさわしい装いと自覚と態度です。

今、わたしたちはその晴れがましい祝福に満ちた道を歩んでいるのですから、この道を歩くに恥じない姿で、喜びに満ち、この道を歩むことのできる感謝にあふれ、胸を張り、誇らしげに歩んでゆこうではありませんか。

4・25～32

「神にかたどって造られた新しい人」を身に着けた者は、「真理に基づいた正しく清い生活を送るようにしなければならない」。それが具体的にはどのような生き方なのか。そのことを著者は、「だから（ディオ）」によって導入される25節以降で明らかにする。ここで著者があげる具体的な倫理規定は、どれもきわめて現実的な問題である。キリストの肢体とされ、互いにその「体の一部」とされている者なのだから（ホティ・エスメン・アレーローン・メレー）、それにふさわしい思い、言葉、おこない、感情を抱くことが必要である。この箇所で特徴的なことは、12個の命令法が羅列されていることである。

25節

二人称複数命令法（ラレイテ）によって、「あなたがたは、それぞれ自分の隣人について真理を語りなさい」と命じ、同時に分詞を用いて「偽りを捨て去りつつ」と、真理を語る者の状態を描写する。その理由が「ホティ」以下で示される。ここでは著者は「あなたがたは」ではなく自分たちを含めた「わたしたちは」と語る。体の一部であることは、一つの共同体を超えたものであることの表明であろう。

26〜27節

著者は次いで、肯定と否定、二つの命令法を「カイ」によって繋げる。「オルギセスセ・カイ・メー・ハマルタネテ」。直訳すると「（あなたがたは）怒れ、そして罪を犯すな」。二つの命令は相反している。兄弟姉妹に対する怒りやののしりは、山上の説教でも戒められている（マタ5・22）からである。あたかも「罪を犯せ、そして罪を犯すな」と告げているかのようである。命令法を勧告もしくは譲歩の表現と取るなら（現代聖書註解、一〇六頁）、「怒るとしても、罪を犯すな」とも訳すことができる。新共同訳はそのように解釈している。怒りを肯定しているわけではないが、現実には人は怒りを抱く。それが罪にならないようにしなさいという命令とここでは受け止めておく。どうなると怒りが罪になるのか。その基準として、著者はユーモアを含んだとても現実的な判断を示す。「あなたの怒りと共に太陽を沈ませてはならず、悪魔に場所を与えてもならない」（後半は27節）。古代では日没から次の日が始まったことを考えると、怒りを次の日まで持ち越してはならないという意味か。あるいは怒りを抱いたまま床に就いてはならないということか。怒りを抱かざるをえないという人間の現実と、それが罪へと深まることをさせてはならないという実践的なあり方を示す。

28節

「盗みを働いていた者」は「盗人」のこと。「もはや（メーケティ）盗んではならない」という表現からすると、教会にはかつて盗みによって生計を立てていた者もいたということであろうか。主語は単数形、動詞も三人称単数命令だが、盗人が一人だけだったということではなく、個々の盗人を意味する。盗むのではなく、むしろ「自分自身の手で良いわざをおこなって働きなさい」。正当な報酬による生活を著者は勧告するが、それだけではない。なんのために働いて正当な報酬を得るのか。その理由を述べている。「必要のある人に分け与えるように」あるいは「（そのことによって）必要のある人に分け与えることができるから」。労働の意味が、自身や家族の生計だけでなく、必要のある人々のためでもあることが示される。

29節

「一切の悪い言葉（パース・ロゴス・サプロス）を、あなたたちの口から出してはならない」。「悪い言葉」は、腐った、汚れたの意。「メー・エクポリュウエッソー」は、続く「そうではなく（アッラ）」によって同じ動詞が肯定命令として機能する。「そうではなく、何であれ必要に応じて良い言葉を口から出しなさい」、続けて「ヒナ」によって導入される目的節が続く。「聞く者たちに恵みが与えられるために」。28節で経済的な助けを貧しい人に与えることが労働の目的とされたが、29節では口から出る言葉が何を目的とするべきかを告げる。聞く者たちに恵みがほどこされるような言葉を口にするべきである。

30節

「神の聖なる霊を悲しませてはならない」。何が聖霊を悲しませるのか。その内容は具体的に告げられてはいない。しかし著者は聖霊の働きが何かを明らかにする。「聖霊において、あなたがたは贖いの日へと封印されているのだから」。聖霊による救いの保証を損なうような言動が、聖霊を悲しませることになる。ここでも著者は、聖霊の保証にふさわしくあることを、救いの条件とは見なさない。それは聖霊を悲しませる行為である。

31節

「あらゆる辛辣さ（苦々しさ　ピクリア）、憤り（スモス）、怒り（オルゲー）、わめき（怒声　クラウゲー）、中傷誹謗（ブラスフェーミア）を、一切の邪悪さと共に、あなたたちから取り除きなさい」。この命令は、教会の中にそのような現実があること、あるいはありうることを前提としている。信仰が人々の命と深く結びついていればいるほど、それゆえの確信に固執し、反対や批判をされると、確信は批判者への激しい攻撃となりうる。また性格や個性など多様な人間的特質によって、さまざまな攻撃的言動を生じる。そのような言動が生じる事実を踏まえて、「生じさせないようにしなさい」と命じるのではなく、生じたものを「取り除きなさい」（アルセートー＝アイローのアオリスト受動命令）と告げる。世の罪を除く神の小羊の働きと同じである。

32節

「……でありなさい、……となりなさい」という命令法「ギネスセ」で始まる命令は、いわばこれまでのまとめと解釈されうる。「あなたがたは互いに親切（クレーストイ）であり、良き共感者（エウスプラグクノイ）でありなさい」。著者は三番目に信仰者のあり方を、分詞を用いて「でありなさい」の表に加える。「互いに赦し合いなさい」と。しかし、ここで著者は、なぜ互いに赦し合うのか、その根拠を続ける。「神がキリストにあってあなたがたを赦してくださったように」と。

互いの赦し合いの根拠は、神によって赦されたという体験にある。旧約聖書以来の信仰的伝統は、神が恵みを与えてくださったのだから、あなたがたもそのようにしなさいということにあった。旧約におけるその頂点が、申命記10章12～22節の命令である。なぜ寄留の人々を愛するのか。あなたがたが寄留者であった時、神があなたがたを愛したのだから。

「赦す（カリゾマイ）」は、通常の「許す（アフィエーミ）」とは異なる、恵み（カリス）を語源に持つ言葉である。「赦す」「赦し合う」には、ただ相手の罪を耐える、相手を受け入れるということ以上の意味が込められている。「互いに赦し合いなさい」は、もっと積極的に、恵みを与える、与え合う交わりが求められている。それによってのみ、教会は信仰共同体として、キリストの一つの体だからである。

説教　神がそうしてくださったように

エフェソ4・25～32
申命記10・12～22
ヨハネ15・1～二
詩編15

わたしは命令されるのが大嫌い。親から命令されるのも嫌でしたが、権力者や国家や、学校の先生や牧師から命令されるのが嫌いです。わたしの子ども時代のことで今も鮮明に覚えていることと言えば、「……をしなさい」と言われて、言われただけで嫌になったことです。「ありがとうと言いなさい」と言われて、「言われたから言わない」と、もらったものを返した覚えがあります。

皆さんはそこまでひねくれてはいないでしょうが、誰だって命令されるのは嫌なものです。エフェソ書のきょうの箇所を見てみましょう。やたらに「なりません」「いけません」「しなさい」が目につきます。パウロはたった8節だけのきょうの箇所で、なんと十二個も命令法の動詞を連ねているのです。

真理を語りなさい。怒りなさい、だが罪を犯してはならない。怒ったまま太陽を沈ませてはならない。盗人は、もう盗まないようにしなさい。自分の手で正当に働きなさい。悪い言葉を口にしてはならない。良い言葉を口から出しなさい。神の聖霊を悲しませてはならない。苦々しさと憤りと、怒りと怒鳴り声と中傷を取り去りなさい。互いに親切と善意を抱き合いなさい。互いに赦し合いなさい。十二個も！

モーセの十戒よりも多いのです。確かにどの命令も皆、とても現実的かつ深い意味を持っています。たとえば、「怒りなさい、だが罪を犯してはならない」。これは時代を超えて教会の現実を明らかにします。エフェソの人々もわたしたちも、時として教会の仲間、主にある自分の兄弟姉妹に怒りを覚えることがありえます。その事実を踏まえて、パウロはこの二重の命令を与えたのでした。

怒ることがあっても、罪を犯してはなりません。

直訳すると「怒れ、そして罪を犯すな」です。信仰の友であるキリストにある兄弟姉妹に怒りを抱くことは現実です。嫌なことをされたり言われたりしたと感じて、不愉快に思うことがありますから。意見や考えが合わなくて相手を否定したくなりますから。それはまぎれもない事実です。パウロはその現実を無視したりしません。怒りを抱くことを押し殺すように命じることもしません。人は感情で左右されるものですから。パウロはだから、「怒りなさい」と命じます。命令法ですが、怒らなければいけないという意味ではありません。命令法はしばしば、「怒ってもよい」という許可の意味でも使われました。ですからパウロはここで、「怒ってもよいが、罪を犯してはなりません」と宣告しているのでしょう。
どんな怒り方をすると、罪になるのでしょうか。パウロはそのことを具体的に伝えています。
怒りを持ったまま、太陽を沈ませてはならない。（直訳）
古代は、日没から次の日が始まりました。ですから、パウロは怒りを次の日まで持ち越すなというのです。さらには、怒ったまま眠るなという意味にも取ることができます。天田繋先生という賛美歌の作曲家がおられました。その先生の作曲した賛美歌に、こんな歌詞の歌があります。

怒ったまま、眠ってはならない
悲しませたまま、眠らせてはいけない。
一日の終わりも、生涯の終わりのように。

きょうの聖書の言葉から作られた歌詞です。怒ったまま、太陽を沈ませるな。なんとユーモアにあふれた表現でしょうか。怒りを抱き合い、張り詰めた空気の中でにらみ合う者同士が、この言葉をかけられたなら、雰囲気がなごむことでしょう。

また、わたしたちがびっくりするような命令もあります。

盗みを働いていた者は、今からは盗んではいけません。

エフェソの教会には悔い改めた盗人も多かったのでしょうか。盗みで生計を立ててきた人たちや、盗みが悪いこととは思っていなかった人たちもいたのでしょう。それらの人々に対して、苦労して自分の手で働き、正当な収入を得なさいと諭します。裁判官や警察官、保護司たちも同じように言うでしょう。でも、パウロはそれだけで終わりません。なんのために正当な収入を得るべきなのか、その驚くべき理由を告げるのです。「困っている人々に分け与える」ために、と。自分の生活や自分の家族を養うためにとは言いません。苦境の中にある人々に分け与えるために、きちんと働いて収入を得なさいと命じているのです。信仰者にとっては、自分の稼ぎが、自分や自分の家族だけのものではなく、その一部は困窮者のものでもあることを、パウロは確信していました。だからこそ古代からキリスト者は収入の一部を教会にささげ、また経済的な助けを必要とする人々のためにささげてきたのでした。

また、これはちょっとびっくりすることですが、暴言、憤り、怒り、わめき、そしりなどを捨てなさいと命じました。実際、教会の中で暴言や、感情をむき出しにした罵声や、怒鳴り声や、中傷誹謗があったということです（今でも、そういうことはありうるでしょう）。だから取り去りなさいと命じられる必要がありました。

パウロの命令はどれも、現実的で必要なものでした。皆さんは、しかし、ここでわたしから十二もの命令について、逐一説明されたくはないでしょう。ですから、わたしはきょう、何よりも重要なただ一つのことを皆さんと分かち合いたいと思います。それは、きょうの説教題です。「神がそうしてくださったように」。これが、パウロの十二の命令すべてが基礎を持つ土台、信仰的な生き方の要です。

神がそのようにしてくださったのだから、あなたがたもそのようにしなさい。これは聖書全体の中心主題に他なりません。きょう、わたしたちは旧約聖書から申命記を読みました。申命記10・12～22は、旧約聖書におけるこの主題のハイライトです。この箇所で、神はこう命じます。

あなたたちは寄留者を愛しなさい。

国の中にいる在留外国人を愛しなさいと言うのです。なぜそうするべきなのか、その理由が告げられます。

あなたたちもエジプトの国で寄留者であった。

異国で寄留者としてヘブライ人は生きてきました。そのために虐待され、奴隷にされ、苦しめられてきました。そのヘブライ人を神が憐れみ、愛して救い出してくださった。それが彼らの体験でした。神が寄留者であったあなたたちを愛してくださった。だからあなたたちもそのようにしなさい。寄留者を愛しなさい。パウロは同じことを言います。

神がキリストにあってあなたがたを赦してくださったように、あなたがたも赦し合いなさい。

神がそうしてくださったように、あなたがたもそうしなさい。

赦すことは、なかなか難しいです。特に、されたことがひどければひどいほど。でも、赦すことが求められます。怒り、敵意、憎しみは、わたしたちを救わないからです。それどころか、滅ぼすからです。言われたからといってできることではありません。しかし、もし自分自身も赦されたのだとしたら……。もし、神によって赦された上に、さらに子とされているとしたら、その体験が、わたしたちも赦すようにと迫ることでしょう。

パウロは命令を並べ上げる最後に、全体のまとめであり結論となるべき命令を与えました。

神がキリストによってあなたがたを赦してくださったように、（あなたがたも）赦し合いなさい。

ここでパウロは、普通の「許す」という動詞（アフィエーミ）とは違う、とても特殊な動詞「カリゾマイ」を使いました。これは「恵み（カリス）」と同じ語源の動詞です。ですから、ここで「赦す」とは、ただ相手の罪を水に流すとか、なかったことにすることではありません。自分に罪を犯した相手、自分に怒りを抱かせた相手に対して、恵みを与えるようにしなさいと求めているのです。

祝福と益を互いにもたらし合う交わりを生きること。それが、わたしたちが教会で共に生きるということです。そんなことができるのでしょうか。どうしてそんな生き方をしなければならないのでしょうか。理由はただ一つ。決定的な理由がただ一つ。神がそのようにしてくださったのだからです。

神がわたしたちに恵みを与えてくださいました。生半可な恵みではありません。神の御子の命をかけた、無限の愛と慈しみによる、罪の赦しと天の国籍、そして永遠の命の約束。その恵みを受けているわたしたちは、神がそうしてくださったように、互いにそのようにして、共に世を旅するのです。

5・1〜5

1節から20節までは、三つの大きなかたまりに分けることができる。命令法が数多く用いられているこの箇所で、どうして三つに分かれると考えられるかというと、「だから（ウーン）」によって区切られているからである。「ウーン」は後接辞なので、それぞれ三箇所はまず動詞から始まる。1節は「ギネスセ」、7節は否定命令で「メー・ウーン・ギネスセ」、そして15節の「ブレペテ・ウーン」。そのように考えると、2節から6節までは最初の命令についての具体的な説明、7〜14節までは二番目の（否定）命令についての説明、そして15〜20節までは三番目の命令の具体化と見なすことができよう。

1〜5節

1節は、「ギネスセ」で始まり、「だから、神に倣う者となりなさい」と命じることからこの段落を始める。「倣う者（ミメータイ）」は、ギリシア思想の伝統にあるミメーシス（模倣）に由来するのであろう。イデアを模倣することによって、この世界にイデアの影が生み出される。しかし、著者がこの思想をギリシア哲学から引用したというよりも、これは教会の用語であろう。ただし、新約聖書で「ミメーテース」は、人に倣う者という意味で使われる（一コリ4・16、11・1、一テサ1・6、ヘブ6・12など）。神に倣う者という表現はこの箇所にしかない。イエスに学ぶ、イエスに従う、イエスの弟子となるといったことが概念化されてイエス（キリスト）に倣う者となり、そこから神に倣う者という表現が生まれた可能性はある。キリストが教会の頭であり、体である教会は「頭であるキリストに向かって成長してゆく」（4・15）のであれば、体すなわち信じる者はキリストに倣うのでなければならない。パウロの伝統を引き継いで「イエス・キリストの父である神」という表現、神の右の座（1・20）、「キリスト・イエスにおいて造られた」（2・10）などは、キリストを神と同等の方と見なしている。

説教　聖なる者にふさわしく

エフェソ5・1〜5
申命記7・6
ヨハネ15・5
詩編100

きょうの聖書箇所は、エフェソの信徒への手紙5章1節から5節です。そのほぼ真ん中に、その言葉は位置しています。

聖なる者にふさわしく

この言い方は、とても大切な真理を含んでいます。それは、あなたがたがすでに「聖なる者」とされていることです。パウロは、「聖なる者になるために」とは言いません。「聖なる者になりたければ」という言い方もしません。「聖なる者にふさわしく」という言い方は、すでに聖なる者とされているのだから、という意味です。

ここで、わたしたちが今、どのような者であるかが明らかにされます。「聖なる者」とは、キリストを通して神を信じている者を指します。つまり、わたしたちキリスト者のことです。皆さんは「あなたは聖なる者です」と言われているのです！

嬉しいような困ったような、複雑な思いに駆られるかもしれません。自分はそれほど立派な人間ではないと感じるでしょうから。でも、「聖なる者」とは、立派な人格者という意味ではありません。まして、キリスト者は誰でも聖人だという意味ではありません。しかし、とても誤解しやすく、また誤解されやすい言葉です。「クリスチャン」というと、聖人のように清く正しい人、謹厳実直な人とよく勘違いされます。そのため、半分本気、半分冗談で「近寄り難い高尚な人」と思われます。またその反対もよくあります。クリスチャンのくせに俗っぽい偽善者だと言われたりします。先日もある方が、たぶん嫌みではなく本心から、「わたしは教会に来ておられる方のように立派な人間ではありませんが」という言い方をしておられました。

聖書が言う「聖なる者」は、そのどちらでもありません。「聖なる者」とは、「神のものとされた人」、「神に属している人」という意味です。その人がどんな人であるのかには関係なく、またどれほど人格者なのかということとも関係がありません。キリスト者の中にも未熟な人や品性に欠ける人はいることでしょう。キリスト者であっても、短気な人や怒りっぽい人はいます。神様は実に多様な人々を、ご自分の民として招きます。どんな基準で選び、招くのか、わたしたちには見当もつきません。イエス様も、漁師を弟子に招き、徴税人を招き、今でいうテロリストに近い人を招き、病人を招き、汚れた人と見なされていた人々を招きました。

教会には、最初から、立派な人もそうでない人もいました。豊かな人と貧しい人がいました。高貴な身分の人と奴隷の両方がいました。円熟した人と未熟な人が混ざっていました。それらすべての、多種多様な人々が、イエス・キリストを信じて神のものとされているというだけの理由で、例外なく「聖なる者」とされ、「聖徒」と呼ばれてきたのでした。聖なる神に属する者という、そのただ一つの事実に基づいて、聖なる者と神に呼ばれ、自分たち自身をそのように見なしたのです。

わたしたちも同じです。あらゆる違い、あらゆる差異、あらゆる不一致があるとしても、神のもの、神の民であるという事実によって、わたしたちは例外なく「聖なる者」です。神に属する者であり、キリストの兄弟姉妹として、天に国籍を持つ者とされています。その事実のゆえに、パウロはエフェソの人々に、そして今もわたしたちに、力強く命じています。「聖なる者にふさわしく」と。

聖なる者にふさわしく、どうせよというのでしょうか。パウロは三つの具体的な命令を与えています。第一の命令は、1節です。日本語訳の聖書は、原文とは順序が逆になっています。原文通りに訳し直せば、こうなります。

あなたがたは、神に倣う者となりなさい。

神に愛されている子どもとして。

神に倣うなどということは、とうてい無理なように思われます。しかし、ここで命じられているのは、神のように尊厳や威光を身に帯びることではなく、神のような全能者として振る舞うことではありません。神に愛されている子どもなのだから、愛されている、その愛を手本として愛しなさいということです。

二つ目の命令は、「愛によって歩みなさい」です。この命令にもはっきりとした根拠があります。「キリストがわたしたちを愛してくださったように」、そのように、愛によって歩みなさい。しかも、キリストの愛がどれほど深く大きいかを、パウロは改めて思い起こさせます。

ご自分を香りのよい供え物、つまり、いけにえとして
わたしたちのために神にささげてくださった。

わたしたちは互いに愛し合うべきです。どのように愛し合うべきでしょうか？　キリストがわたしたちを愛してくださったように、です。

三つ目の命令は、最初の二つとは大きな違いがあります。最初の二つが「倣いなさい」「愛によって歩みなさい」という、肯定的な命令なのに対して、三つ目の命令は「してはならない」という否定命令です。ここでパウロは、神に倣い、愛によって歩む者が守るべき、最低限のルールを与えようとしたのではないでしょうか。そのルールとは、聖なる者にそぐわない言葉を口にしないことです。聖なる者にふさわしくない言葉とは何かをパウロは教えます。

みだらなことやいろいろの汚れたこと、貪欲なこと、
卑わいな言葉や愚かな話、下品な冗談。

立派な言葉や信仰的なことしか口にするなとは言いません。冗談も世間話も、娯楽や趣味の話もけっこうです。大いに楽しんでかまいません。だが、人を卑しめたり、自分を貶めたりする言葉、わたしたちが属している神の不名誉となるような言葉は、口に出してはいけないと命じます。その理由は明らかです。そのような者は偶像礼拝者に他ならず、キリストと神の国を受け継ぐことはできないからです。

神の国は、互いに喜び合い、互いに慈しみ合い、互いに恵み合う国ですから。聖なる者にふさわしくない言葉を口にするよりも、むしろ、わたしたちが積極的に口にすべき言葉があることを、パウロはわたしたちに教えています。

それよりも、感謝を口にしなさい。

それがパウロの勧告です。感謝だけしか口にするなとは言いません。わたしたちはいろいろなことを、友人や家族、同僚と話します。何を話すにせよ、一つのことを常に心に留めておくべきです。「聖なる者にふさわしく」ということを。それは、結局、何を語るかについて、二つのことに留意することに尽きます。聖なる者にそぐわない言葉を口にしてはならないことと、感謝を忘れないことです。

わたしたちは、自分たちのことを「クリスチャン」と呼びます。その意味は、「キリストのものである人々」という意味です。キリストと結ばれ、キリストに属しています。そして、キリストに属しているゆえに、神の子とされています。その事実のゆえに、わたしたちは「聖なる者」なのです。その喜びと感謝を胸に抱いて、聖なる者にふさわしい歩みをしてゆきたいと思います。

5・6～11

新共同訳は、ＵＳＢ版の小見出し区分に従って、6節からを別の段落に分けている。しかし、先に述べた構造からすれば、6節までが最初の命令の説明に属し、7節で改めて「ウーン」によって導入される命令の段落に入る。しかし、ここでは便宜上新共同訳の区分に沿うことにする。

6節

直訳は「だれも空虚な言葉（ケノイス・ロゴイス）によって欺かれてはなりません」。その理由が「ガル」によって続いて示される。「これらのことのために（ゆえに）」（ディア・タウタ）は中性なので、「ロゴイス」を指すのではない。「これらのことのために」を新共同訳は「これらの行い」と解釈する。そうであれば、5節までに述べてきた諸々のおこないを指すか、もしくは「空虚な言葉」によって欺かれた結果としての諸々の振る舞いもしくは生じた事々を指すのであろう。「神の怒りがこれらの不従順の子どもたちに訪れる」。新共同訳は「子ら」を「者たち」と訳す。しかし、著者はここで、不従順であることが「これらのこと」を生み出すのを、親子の関係にたとえているので、「不従順の子どもたち」とすべきであろう。神の怒りが何を意味するかは具体的には言われないが、5節からのつながりで考えるなら、「神の国を受け継ぐことはできない」ということを指すと解釈すべきであろう。

7節

この節で二番目の命令に移る。ここでは否定命令「メー・ウーン・ギネスセ」が用いられる。「だから、彼らの分け前にあずかる者（スムメトコイ）になってはいけない」。「共に（スン）分け前にあずかる（メテコー）」は、単なる「仲間」以上で、獲得物を分け合う受益者を指す。ただし、その分け前はすでに述べた諸々の悪徳である。

8節

「あなたは……であった」という過去の状態を示す未完了過去「エーテ」で、かつての「あなたがた」の状態が明言される。「あなたがたは、かつては暗闇であった」。著者は「暗闇の中にいた」とは言わない。キリストと結ばれず、神なしに生きていた状態そのものが暗闇の仲間であり闇の働きをおこなう者に他ならなかったから。それに対して現在は何者なのかを対比させる。「しかし、今ではキリストにあって光である」。著者は、したがって、キリストを信じる者のことを「闇から光へと移された者」という以上のことを述べている。かつては闇であったが、今は光なのだと。

光であるという現在の正体は、その者の生き方を必然的なものとする。「光の子として歩みなさい」。「光の子として（ホース・テクナ・フォートス）」は、6節の「不従順の子ら（トゥース・テフィウース・アペイセイアス）」とは異なる表現なので、そこに対比を見ることは必要ない。「光の子」はヘブライ思想からの伝統的な「神の民」を意味する表現である（クムラン文書など）。

9節

「なぜなら（ガル）」によって、なぜ光の子として歩むかの理由が告げられる。暗闇であった時の悪徳と異なり、光である今は「光の実（ホ・カルポス・トゥー・フォートス）」なのだから。この訳は「なぜなら、あらゆる善意と正義と真実にあって光の実であるから」「光の実はあらゆる善意と正義と真実の内にあるから」の両方に訳することができる。8節の暗闇であった時と対比するなら、今はキリストを通して神と結ばれているゆえにあらゆる善意と正義と真実の内にあって、光の実を生む者とされているということになる。

10節

「吟味しなさい」「熟慮しなさい」の分詞「ドキマゾンテス」は、光の子として歩む者の状態を指す。光の子は、よく吟味しながら歩まねばならない。吟味する内容は「何が主に喜ばれるか」である。キリスト者の行動原理が一言で言い表されている。何をするにも、語るにも、主に喜ばれるかどうかが重要である。しかし、ここで著者は自分の言動を吟味するというだけではなく、「何が主に喜ばれるかを吟味しなさい」と命じているので、いっそう積極的な課題を与えていることになる。主に喜ばれることを積極的に見出して、それをおこなうことを求めているからである。吟味によって悪事に荷担しなければよいということではない。

11節
「彼らの分け前にあずかる者になってはいけない」の具体的な命令がさらに続く。「実のない暗闇のわざをおこなう者の仲間になってはならない」。メー・スグコイノーネイテは「共に交わりを持ってはいけない」の意味。誰との交わりを持ち、喜ぶかの具体的な指示である。実を結ばない暗闇のわざ」をおこなう者と一切の関わりを絶つことが求められているのではない。積極的にそれらの者たちのわざに荷担、同調してはならないという意味。この世で光の子がどう生きるべきかが問われる。それはキリストに喜ばれる生き方、そして自身の喜びとなる生き方である。

説教　神こそ我が望み、我が光

エフェソ5・6〜11
イザヤ60・1〜4
ヨハネ8・12
詩編27

わたしだけでしょうか。世界に暗闇が徐々に広がっていると感じるのは。以前は、テレビのニュースを欠かさず観ていました。でも最近は、あまりニュースを観たいと思わなくなりました。心おだやかでいられなくなるからです。暗い事件、おぞましい犯罪、恐ろしい出来事が続きます。それらがわたしを不安にし、心に恐れを広げてゆきます。得体の知れない悪いものが近づき、広がってゆくような恐怖さえ感じます。闇の軍隊としか思えない勢力が中東からアフリカに広がり、恐怖支配を広げつつあります。過激な思想や行動が、世界各地でテロリズムを引き起こしています。そしてこの国では、永らく平和を支えてきた憲法をないがしろにして、軍事国家への道をひた走ろうとしています。政治家たちが次々に、威圧的な発言を繰り返し、意にそぐわない言論や批判を暴力的な脅しで封じ込めようとしています。黒雲が広がり、もうすぐそこまで迫っているような不安を感じるのです。暗闇が広がり、わたしたちを取り込もうとしているかのようです。

それは、しかし今に始まったことではないのでしょう。暗黒の時代は、過去にも繰り返されてきました。暗闇が広がる体験は、パウロのものでもありました。世界が暗闇の力に脅かされている現実を、パウロも実感していました。暗闇はどこか遠くの世界に広がっているのではありません。外から侵入して来ようとしているのでもありません。暗闇はパウロの身近にあり、エフェソの教会の人々を囲んでいます。わたしたちの周囲にも暗闇は広がり、わたしたちの内にさえ広がりかねません。暗闇はあらゆる脅しや誘惑を用いて、わたしたちを取り込もうとします。だからこそ、パウロはこう呼びかけたのでした。

むなしい言葉に惑わされてはなりません。

これらの行いのゆえに、神の怒りは不従順な者たちに下るのです。
だから、彼らの仲間に引き入れられないようにしなさい。
あなたがたは、以前には暗闇でした。

暗闇はわたしたちから遠くにあるわけではなく、それどころか、あなたがた自身が以前は暗闇であったとさえ言います。それだからこそ、11節でこのように警告したのでした。

暗闇のわざに加わらないで、むしろ、それを明るみに出しなさい。

暗闇のわざに戻るのは、簡単なことだからです。

「暗闇のわざ」とは何でしょうか。それは、神の愛と憐れみに反する言葉や行為のことです。パウロは、これまでの箇所で、暗闇のわざの具体例を挙げてきました。無慈悲、憤り、怒り、わめき、そしり、悪意、汚れた言葉、貪欲などといったことです。それらは決して、わたしたちに無縁なものではなく、特殊な人たちだけの問題でもありません。パウロは、「あなたがたは、以前には暗闇でした」と言い、かつては、あなたがたもそのような考えを普通に抱き、普通に口にし、普通におこなってきた事実を指摘しています。

でも、今はそうではありません。暗闇のわざは、今ではわたしたちが斥けるべきことです。なぜか。その驚くべき理由をパウロは明言しています。

今は主に結ばれて、光となっています。

パウロは「今は光の中にいます」と言うのではなく、「今は光に照らされています」と言うのでもなく、もっとはるかに強い言い方をしました。「今は光となっている」のだと。わたしたちが信じている天の父なる神は、光を世にもたらす、光の神です。神が天地を創造なさった時、地は混沌で暗闇に覆われていました。暗闇に向かって神は言われました。

光あれ。

すると、暗闇の中に光が創造されました。闇はあります。しかし、光がもたらされたので、闇闇しかない世界ではなくなりました。今も神は、神の光によって世を照らしてくださっています。

その光は、物理的な光だけのことではありません。神の光は、わたしたちの内を照らす、霊的な光でもあります。わたしたちに希望という光を与え、救いの約束という光を与え、愛と憐れみという光を与え、わたしたちの内にも神の愛と憐れみを抱かせてくださいます。それが、わたしたちを照らす神の光、真の光です。だからこそ、詩編27編の詩人は高らかに歌いました。

神はわたしの光、わたしの救い
わたしは誰を恐れよう。

神の救いという光が、その光だけが、わたしたちから不安と恐れを取り除くことを、この詩人ははっきりと知っていたのです。

だからこそ、救い主として世に来られた神の御子キリストは、人々に向かって高らかに宣言したのでした。

わたしは世の光である。

わたしに従う者は暗闇の中を歩かず、命の光を持つ。

神が我が望み、我が光。わたしたちは神の光に照らされる時、その時初めて、暗闇の不安と恐れから解き放たれます。

では、神の光に照らされ、光の中に受け入れられた者、つまり、キリストを通して神を信じているわたしたちは、いったいどうなるのでしょうか。パウロは、今やわたしたちが何者とされているのかを、このような言葉ではっきりと思い起こさせます。

あなたがたは、今は主に結ばれて、光となっています。

わたしたちは、ただ光の中に入れられているだけではありません。光の主であるキリストに結ばれて、わたしたち自身も光である神の子とされているのですから、わたしたちは「光の子」です。わたしたち自身が、この世に広がる暗闇の中で輝く光です。パウロは、わたしたちの正体をそう語るのです。

わたしたちが光となっているのだとしたら、それはいったい、どんな光でしょうか。もちろん、自分の成功や名誉といった光ではなく、自分の栄光や繁栄の光を放つことではありません。「光の子」とされているわたしたちは、神の光を輝かせて歩みます。それは、わたしたちの生き方と関係します。

わたしたちは、暗闇が広がりつつある世界を生きています。暗闇の仲間に加わることは、とても簡単で、その方が賢い生き方のように思われます。無慈悲になり、憤り、怒り、わめき、そしり、自分の欲を満たすことを追い求めるなら、わたしたちは彼らの仲間に引き入れられることでしょう。

光の子として歩むことは、それらから離れて、親切と憐れみを抱き、互いに赦し合う生き方をすることです。神がわたしたちに神の国を約束してくださっていることを信じ、そこに入るのを望みとして生きることです。神の光がわたしを照らす真の光と信じて生きることです。

そのことを、きょうの説教題として掲げました。「神こそ我が望み、我が光」。そう信じ、確信して、この世の暗闇に対して光の子として生きること。すなわち、この世の快楽や繁栄を第一にするのではなく、神の国と神の義を第一に求めて、神の愛と憐れみ、善意と正義と真実を、我が光として掲げて生きることです。

そのように生きる時、わたしたち自身が光となることでしょう。この世界には、暗闇が徐々に広がりつつあります。そんな世界に、わたしたちが神を信じて生きていることには、とても大切な意味があります。たとえ、ささやかであるにせよ、わたしたちは光なのですから。

5・12〜20

エフェソ書の世界観ははっきりしている。すべての良いもの、あらゆる善意と正義と真実は、光から、つまり神から来る。それ以外は暗闇である。キリストを通して神を信じる者にしか善意と正義と真実はないと言っているのではない。エフェソ書が明らかにするのは、信仰の有無とは別に、すべての良いものは光から来るという事実である。神は万物の創造主であり、そこには神のわざと意志が働いている。著者が言おうとしているのは、神を信じる者は主に結ばれて光となっていることである。神を信じる者は光から来るすべての良いものを知り、自ら光として表す。

かつては暗闇であった者が今は光とされている。そうであれば、実を結ばない暗闇のわざをおこなう者の仲間になってはならないという命令は、神の恵みを無にして以前の状態に戻ることがあってはならないということを意味する。ただ加わらないだけでなく、著者は「それを明るみに出しなさい」と命じる。加わらないでいるという消極的な態度ではなく、「明るみに出しなさい」（顕わにしなさい）という積極的な態度が求められる。現状の放置ではなく、キリストの光に基づいて世を評価し、善を生むことが求められる。

12節
「なぜなら、彼らによってひそかにおこなわれている事々は、口にすることさえ恥ずかしいことだから」。「彼ら」は暗闇のわざをおこなう人々。単に「彼らによっておこなわれている事々」ではなく、「ひそかに（クルフェー）」と描写されていることが具体的に何を意味するかは明らかにされていない。具体的な特定の行為ではなく、「暗闇のわざ」全体を指すのであろう。

13節
「そして、光によって顕わにされるすべてのことは明らかにされる（ファネルータイ）」。この節は「すべての顕わにされたことは光によって明らかにされる」とも訳すことができる。著者はあえて「光によって」を、「顕わにされた事々」と「明らかにされる」の間に置くことによって、どちらにも解釈できるようにしているのかもしれない。

14節
「なぜなら、明らかにされることはすべて、光だからである」。この文は意味がよくわからない。神を信じる者たちのことを指しているとすれば、「明らかにされること」が中性であることの説明がつかない。考えうることは、この中に一連のプロセスが含まれるということである。つまり闇のわざは光によって明らかにされることによって、今は光の中にあるのであり、したがってそのわざをおこなっていた人（あなたがた）は光であるということであろうか。8節の言い換えと解釈しておく。

そうであれば、中性ではなく人が主語になる14節後半の謎めいた引用が理解できる。この引用は出典が不明である。旧約聖書にも知られているユダヤ文書にも、キリスト教文書にも存在しない。4・8と同じ表現「こう述べている（ディオ・レゲイ）」は明らかに引用であることを示す。引用されているのは詩、もしくは歌である。多くの研究者が指摘するように、おそらく洗礼の儀式の時の賛歌であろう。

「起きよ（よみがえれ）、眠っている人（死んでいる人）よ」。自覚のない状態でいる人を意味する。自分自身について、世界について、神について意識のない状態から目覚めよとの呼びかけである。「そして、死者の中から立ち上がれ」。眠っている人を、死者と並置する。洗礼の賛歌であるとすれば、洗礼が眠りから目覚めること、死者の中から立ち上がることであると理解されていたことになる。キリストによって目覚めさせられ、死から立ち上がらせられた者は、キリストが照らす。キリストによって照らされた者は、主に結ばれて光となる。この一連の輪がこの引用によって完結される。

15〜16節

「だから（ウーン）」は、今は光とされている事実を根拠として、次の段階へと導く。ここから信仰者としての歩むべき生き方が示される。

「どのように歩むか、よくよく（アクリボース＝注意深く、正確に）注意して（ブレペテ）」で導入される16節までの文は、ここから先の倫理的勧告を示すにあたっての導入である。

歩む上でどう注意すべきなのか。最初にあげられるのは「愚かな者としてでなく、賢い者として」歩むべきである。「ソフォス」と「アソフォス」は、神の知恵の有無を意味する。

16節

「エクサゴラゾー」は、「買い戻す、買い取る」だが、中動態は「最上に用いる、活用する」。「時を最善に用いなさい」。「時（カイロス）」は単なる時間ではなく、機会あるいはふさわしい時期、好機を意味する。時をわきまえて十分に生かすことが求められる。その理由を著者は「なぜなら、今は悪い時代（日々）なのだから」と述べる。読者に、自分たちが生きている世界がどのようなものであるかを自覚させるのである。世界は暗闇の広がる邪悪な世界である。そのような中を、神を信じる人々は歩んでゆく。したがって、とても注意深く歩むことが必要である。

17節

著者は信仰者が「悪い時代」を歩んでいることをはっきりと知らせ、そのことを前提として、「だから（ディア・トゥート）」によって具体的な生き方へと移る。「だから」よりも強く「それゆえに」「したがって」と訳す方がよいかもしれない。

「それゆえ、無分別（アフロネス）であってはならない」。無分別の意味は、続く「そうではなく、主の意志が何であるかを理解しなさい」という命令によって明らかである。信仰者は主キリストの意志を悟って歩むべきであって、主の意志を理解しようとしないことが無分別の意味である。

18節

「酔いしれる、酩酊する（メススコマイ）」は、「酔う（メスオー）」の使役形受動態。自分の意志的制御を超えた状態であろうか。「ワイン漬けになってはいけない」と意訳しておく。なぜいけないのかの理由が付加される。「それは身の破滅になるから（エン・ホー・エスティン・アソーティア）」は「放蕩、乱行」。「ソーゾー」を否定する「ア」によって、「救いがたい者」の意を含蓄する。

著者は「アッラ」によって、そうではない、信仰者としての生き方がどうあるべきかを示す。「霊に満たされていなさい」。ワインに浸っている状態との対比が意識されている。霊に満たされている者がどのような状態であるべきかが、19～20節に示される。

19～20節

「詩編と賛歌と霊的な歌を互いに語り合いなさい」が、具体的に三つの異なる歌もしくは賛歌を意味するのか、あらゆる賛歌のことなのかは不明。いずれにしても信仰者は心から主に向かって歌い賛美をして生きる。

説教　悪い時代を生きる秘訣

エフェソ５・11～20

ゼファニヤ3・9～15
ヨハネ15・9～10
詩編67

もうずいぶんと昔のことになりますが、わたしたち夫婦は二人での生活をアメリカで始めました。イリノイ州の、バーボネイという小さな大学町でした。わたしは結婚前、二年間そこで過ごし、三月に一週間ほど日本に戻って結婚式を挙げ、二人であわただしくアメリカに出発しました。古い家の地下室を借りての生活でした。そこで四か月ほど過ごして大学を卒業し、シカゴの大学院に行くことになりました。バーボネイの大学に来ている友人の多くは田舎者でした。ちなみに、日本で田舎者というと、ばかにしているようですが、アメリカでは田舎者「カントリー・ボーイ」は自慢です。一度インディアナ州の田舎から来た学生に尋ねられました。「カントリー・ボーイって、日本語で何というの?」もちろん、「田舎者」と教えました。彼はきっと、別の日本人に会ったとしたら、胸を張って「わたしは田舎者!」と言ったことでしょう。わたしがシカゴに行くと言ったら、大半が田舎者の、大学の友人たちは大騒ぎでした。「やめた方がいい」「思いとどまったらどうか」「危険だ」みんなが口々に言うのです。わたしたちの身の安全を心配してくれたのです。何しろ、シカゴと言えばギャングが大手を振って歩く暗黒街。アル・カポネの町ですから。

学と摂子があぶない！　行ったら、二度と生きて会えないかもしれない。みんな、そう思ったようです。わたしたちはみんなに心配されながらシカゴに送り出されたのでした。

きょうの聖書箇所で、パウロは「暗闇のわざ」と言います。たぶん多くの人は、「暗闇のわざ」と聞くと、ギャングによる暴力や犯罪行為を連想することでしょう。パウロは、そんなことを考えていたわけではありません。「暗闇のわざ」とは、むしろこの世の中では普通のこと、とても身近なことを指しています。わたしたちにとっても、普通で身近なことでした。わたしたちがキリストを信じるまでは。

暗闇のわざとは、わたしたちの誰もが以前は普通に口にしていたこと、普通におこなっていたことです。少し前の箇所でパウロは、暗闇のわざが何かを、具体的に語っています。悪い言葉、無慈悲、憤り、怒り、わめき、そしり、悪意、みだらなこと、汚れたこと、貪欲、卑猥な言葉、愚かな話、下品な冗談……。それらがどんなにこの世では普通なものであったとしても、神に喜ばれる善い実を結ばないことは、明らかです。そのような暗闇のわざから、わたしたちは救い出され、神の御心にかなうわざをおこなう者とされたのです。

パウロはここで、謎めいた詩を引用しています。

眠りについている者、起きよ。
死者の中から立ち上がれ。
そうすれば、キリストはあなたがたを照らされる。

なぜ謎めいた詩なのかというと、この言葉は、旧約聖書のどこにも出てきません。知られている古代のユダヤ・キリスト教文書にも見あたりません。でも、パウロは何かをここで引用したのは間違いありません。多くの聖書学者が、古代の洗礼で歌われた賛美歌だろうと考えています。内容からして、洗礼式の時に歌われた賛美歌に違いありません。キリストを通して神を信じるということがどのようなことなのか、洗礼を受ける前と、受けた後ではどう異なるのか。それがこの詩の主題です。

「眠りについている者」とは、周囲の世界を意識していない人です。無自覚なままで、自分についても、世界についても、また神についても意識を持たずに漫然と生きている人のことを、この詩は「眠りについている者」と呼びます。神を信じるということは、そのような眠りから目覚めることです。自分が何者なのかを自覚し、この世界が何であるかを意識して、神に心を向けるようになることですから。だから洗礼の時、賛美の歌声を通して、受洗者はもちろん、すべての信仰者はこの呼びかけを聞いたのでした。

起きよ。

それは「目覚めて生きよ」という呼びかけに他なりません。何も良いものを生み出さない暗闇の中でまどろんでいた者が、光へと呼び出され、キリストによって照らされて生きるのです。キリストの光は、わたしたち自身を照らし出し、自分が何者なのかを見せ、悟らせます。すなわち、神の前で罪人にすぎないのに、神の恵みと憐れみによって、今は神の子とされ、天に国籍を持つ者とされている、今のわたしたち自身の姿です。

キリストの光は、また、この世界を照らします。それまでは普通だと思っていたこの世界が、神の御心とは程遠い、罪深さの中にあるという現実が示されます。無慈悲な世界の現実、貪欲な世界の現実、悪に満ちた現実をも、キリストの光は照らし出します。パウロは、世界が楽園でも善意の世界でもないことを知っています。悪い者がはびこり、暗闇のわざが繰り広げられ、危険と誘惑に満ちあふれて人々を支配する世界です。そういう世界、またそういう時間をわたしたちが生きている事実を、パウロは「今は悪い時代なのです」と表現しました。

パウロの時代が悪かったというのではありません。この「今」は、パウロにとっても代々の信仰者にとっても、現代のわたしたちにとっても、わたしたちの子どもたちにとっても、常に「今」です。わたしたちはまさに、「悪い時代」のただ中を生きています。だからこそパウロは、こう呼びかけたのでした。

賢い者として、細かく気を配って歩みなさい。

無自覚、無理解なまま、漫然と生きてはいけないという呼びかけです。もし、どう歩むべきかを考えず、周囲に合わせて生きるなら、わたしたちはふたたび、かつてそうであったあり方に戻ってしまいます。暗闇のわざをおこなう、闇の住人に逆戻りすることでしょう。

今は悪い時代。それは、わたしたちにとっても事実です。悪い時代を、わたしたちは生きていますし、これからもこの悪い時代の中を歩んでゆくことになります。どう生きたらよいのでしょうか。パウロは、悪い時代を生きる秘訣を、伝授してくれました。その秘訣とは、こういうことです。

無分別な者とならず、主の御心が何であるかを悟りなさい。

「無分別な者」というのは、何が神の喜ぶことか、何が神の嫌うことかを考えない人という意味です。神に問わないと、わたしたちは自分の利益や世間の意見で考えます。その結果、わたしたちはこの世の国民になりきってしまいます。神の御心が何かを悟りなさいということは、ふだんの生活の中で神の御心を尋ねなさいということです。週に一度、日曜日だけ主イエスを思い出すのではいけません。（週に一度だけでも、まったく思い出さないよりはよいですが……。）わたしたちはふだんの生活の中で、いろいろなことを話します。いろいろなことをおこない、いろいろなことを考えます。その時、主イエスの御心に沿うかどうかを吟味するなら、言うべき言葉と、言ってはならない言葉を自覚することでしょう。すべきことと、してはならないことを、主イエスの思いに基づいて判断することでしょう。

続けてパウロは、わたしたちの心に何があるべきかを、次の秘訣として教えます。ギリシア語に即して訳してみましょう。

ワイン漬けになって、酒乱になってはいけません。
そうではなく、霊に満たされていなさい。
詩編とさんびと霊の歌を互いに口にし合い、

わたしたちの心で主を賛美してほめ歌い、
すべてのことについて、常に、
わたしたちの主キリストの名によって、
父なる神に感謝しなさい。

わたしたちは「悪い時代」の中で生きているのですから、その中で働き、学び、飲み食いし、眠り、遊び、楽しみます。でも大切なことは、そこに神への賛美と感謝が伴うことです。悪い時代を信仰者として生きるためには、この世に没頭するのではなく、心にキリストを抱き、賛美と感謝を忘れないこと。そうすれば、主キリストはわたしたちの内に共にいてくださり、わたしたちを、神を忘れるという災いから守ってくださるでしょう。それが、悪い時代を生きるわたしたちにとっての生きる秘訣です。世界は荒れ野です。その荒れ野を旅するわたしたちは、神をほめたたえる喜びの歌を歌いながら、この世を旅するのです。祈りの後、いっしょに「歌いつつ歩まん」を賛美しましょう。悪い時代を生きる秘訣を知るわたしたちにふさわしい賛美ですから。

5・21〜33

著者はここから、具体的な倫理的訓戒を述べる。21節を20節との繋がりで解釈するか、22節以降に繋げて読むかは、解釈が分かれてきた。21節の分詞「ヒュポタッソメノイ」は、20節までの分詞の連続に繋がると見ることができるからである。しかし、22節「妻たちよ」に始まる節には動詞がなく、「仕えなさい」を補わなければ理解できないことから、21節からが新しい区切りと見なすべきであろう。そうなると、どうして命令法ではなく男性複数主格の分詞を冒頭に置いたかである。命令法よりもむしろ、自主的な行為としての仕え合うことを呼びかけているからであろう。

「互いに仕え合いなさい」という呼びかけに呼応して、6・5までの箇所で複数主格による具体的な呼びかけの相手が示される。

ここで著者が取り上げるのは、妻と夫、子と父、奴隷と主人という三組である。彼らの関係において、互いに仕え合うことが最も難しい現実が教会の中にあったからであろう。いずれも、古代世界の社会秩序においては、被所有者と所有者、被支配者と支配者、強い立場の者と弱い立場の者であり、そこには対等性の関係はなかった。それに対して、著者は教会における関係、すなわち「御国を受け継ぐ」者、「共に王座に着かせて」いただいた者、「一つの体」とされた者、「聖なる民」、「神に愛されている子ども」としての、兄弟姉妹の関係を生きることを求めている。しかし、この世において生きる者たちの集いである教会においては、そのような革新的な関係は、この世の常識的な社会秩序のあり方によって侵蝕され、容易に変えられてしまいうる。そこで、著者はこの三つの関係に焦点を当てて、教会における関係性がどうあるべきかを教える。

その方法は、この世における秩序概念を全否定することによるものではない。もし著者あるいは教会が社会秩序を覆すことを明確に表明して実践しようとしたなら、教会は反社会的で破壊的な危険集団と見なされて終わったであろう。むしろ著者は、この世の秩序を踏まえて、それをキリストの体の秩序へと変革させることを求めている。

三組の例は、いずれも弱い者への教えが最初に告げられ、続いてその対として強い者への教えが述べられる。弱い者と強い者、この世において支配される者と支配する者が、教会において互いにどのように受け入れ合い、一つのキリストの体、一人の頭であるキリストのもとにある兄弟姉妹として生きるかが、現実の教会の大きな課題であったし、現在も課題であり続けている。そのための提言が告げられている。

21節

「互いに仕え合いなさい、キリストへの畏れを抱いて」。「仕える（ヒュポタッソー）」は「下に置く」「従属する」。互いに自分を相手よりも低い者としなさいという意味か。ただし、それは相手（の権力、処罰、威圧など）を恐れてのことではない。畏れるのは「キリスト」のみである。そこで、互いに仕え合うことは、相手への畏れによるのではなく、キリストのみを畏れつつ、謙遜さを抱く関係であることが求められている。分詞「仕える」は男性複数主格であり、これは男女を包括するすべての者に対する求めであり、以下の指示、命令の結論を最初に提示している。したがって、以下に述べる命令はいずれも、対象者への一方的な指示ではなく、「互いに仕え合う」ことが前提として受け止められねばならない。

22節

最初の一組は、妻と夫である。まず弱い立場にある妻への訓戒から始める。ここには動詞がないので、読者は21節の「仕える」を補って解釈することになる。日本語訳もそのように訳している。

「妻たちよ、自分の夫に（仕えなさい）、キリストにする（仕える）ように」。21節の動詞を補わなければ理解できない仕方で記述することによって、著者は妻への指示が21節の光のもとで読まれるべきことを示唆する。つまり、妻が仕えるのは上下関係に基づいた服従ではなく、謙遜さの形であり、しかもそれは、「キリストにする（仕える）ように」である。信仰者はキリストに仕える者であるということが、この指示の前提である。そこで、なぜキリストに仕えるのかということが、この言葉に内包されている。キリストはご自分の血によって「わたしたちの」贖いを実現してくださった。キリストが始めに、わたしたちに仕えてくださった。その前提があるからこそ、キリストの恵みと救いを受けた者は感謝と共に、喜んでキリストに仕える。そのように夫に仕えなさいという指示には、同時に夫の妻に対する愛と献身があること、そして21節を踏まえて夫も妻に仕えることが内包されている。

23〜24節

ここで著者は、妻と夫の関係を、教会とキリストに基づかせる。教会の秩序は、キリストを頭とする一つの体の秩序として受け止められねばならないからである。キリストが教会の頭であり、その救い主であるから、夫は妻の頭であると言う。この言葉の背後には、創世記とキリストご自身の言葉である「二人は一体となる」が前提とされている。教会がキリストに仕えるように、妻は夫に仕える。それが当時の社会秩序である夫と妻の支配関係、服従関係と混同されてはならないのは、キリストがまず教会を愛し、教会のためにご自分を献げた事実に立つからである。夫と妻の関係もそうでなければならない。

25節

そこで、著者はキリストが教会を愛したように、妻を愛しなさいと命じる。アガペーは、自己犠牲、献身の愛であり、キリストが先に愛のゆえに自らを献げ、人々に仕えたように、夫もそのようにしなさいという命令である。夫に対して「妻に仕えなさい」と言われていないことが、夫は妻に仕える必要はないという結論にはならない。「アガパーテ」という動詞の中に、夫の謙遜と献身が含まれているからである。

26～32節

キリストが教会のためにご自分を与えた目的が述べられる。「栄光に輝く教会をご自分の前に立たせるため」であったと。花嫁を迎える花婿の、婚礼を想起させる。そして婚礼は愛による一致、すなわち「一つの体」となることである。

教会とキリストのこうした関係が、妻に対する夫のあり方の基礎である。そこで夫は「妻を自分自身の体のように愛しなさい」と告げられる。もはや妻を自分と切り離して、服従させる存在と見ることはできない。自分自身そのものだからである。キリストが教会を自分の体として大切にするように、夫は妻を自分の体として愛さねばならない。それは単に、夫と妻という二人だけの関係ではすまされない。なぜなら、夫も妻も、キリストの体の一部だからである。夫が妻を大切にしないことは、キリスト（とその体）を軽んじることである。こうして、夫と妻の関係はキリストの体という教会の関係へと移され、支配と被支配の関係が廃棄されていることに、夫も妻も気付かされる。

33節

頭であるキリストと体である教会についての瞑想から、ふたたび夫と妻に戻って終わる。

説教　キリストがそうなさったように

エフェソ５・21〜33
雅歌１・15〜16
ヨハネ15・17
詩編84

教会ほど不思議な交わりはありません。実際、教会はその始まりから、他に類を見ない稀有な共同体でした。最初こそ、ユダヤ人ばかりの貧しい共同体でしたが、その最初でさえ、その時代には考えられない集団でした。男と女が、ほとんど対等に集い、交わりを持っていたのです。ほどなくして教会は、ユダヤ人だけでなく他民族も集うようになりました。奴隷から高貴な身分の人々までが共に集いました。教会の中には、ほとんどあらゆる人々がいました。身分が違い、立場や地位が違い、性別が違い、民族が違う人々が、それらを超えて一つの神の民とされたと信じ、互いにキリストにある兄弟姉妹として受け入れ合ってきました。それは、この世の仕組み、この世のあり方とは正反対とさえ言えました。この世では、強い者、権力と富を持つ者が支配者となり、弱い者、貧しい者が支配される者となります。それに対して教会は、最も弱い者、最も小さい者を守り、それらの人々の声に耳を傾け、彼らを最も大切にしてきました。

たとえば、最初の教会で、こんなことがありました。エルサレムに生まれた教会には、ヘブライ語を話す根っからのユダヤ人と、他の国々から来た、ギリシア語を話す人々が混じっていました。教会の中心となっていたマジョリティは、ヘブライ語を話すユダヤ人で、ギリシア語を話す人々はマイノリティでした。教会は貧しい人々に食べ物や物資を配給していました。ところが、少数派のギリシア語を話す人々は弱い立場だったのでしょう、彼らへの配給が行き届かなかったのです。その時、訴えを聞いた教会の指導者たちは、ただちに弱い者の声に耳を傾け、公平な配給ができるように教会の仕組みを変えたのです。7人の執事と呼ばれる役職の人々が選任されたのでした。

最も小さな者を守り、その声に耳を傾ける。それは教会が、神の姿に倣ったからです。神はいつの時代でも、小さな者、弱い者の声を聞くからです。エジプトで奴隷とされていたヘブライ人の嘆きを聞き、神は彼らを救い出しました。バビロンに捕らわれていた人々の苦悩を顧み、神は彼らを捕囚から解放しました。

人となって世に来られた神の御子キリストは、病に苦しむ人々の願いを聞き、目の見えない人の叫びに耳を傾け、汚れた者として村から追い出された人の訴えを聞き届けました。神がそうなさったように、教会も小さな者を重んじてきました。教会は神のあり方に倣ってきたのです。

しかし、教会はこの世から切り離されてはいません。教会に集うのは、この世で生きている人々です。そのため、教会にこの世の現実が持ち込まれる危険は常にありました。この世の現実のあり方、つまり、支配する者と支配される者が存在するという現実が、教会の中にも作り出されてしまうという危険です。支配者と被支配者、服従させる者と服従させられる者。そのような関係が教会の中に持ち込まれたら、どうなるでしょうか。服従させる者と服従させられる者が、兄弟、姉妹と呼び合えるでしょうか。

わたしはたくさんの教会を訪れ、教会の問題を見てきました。しばしば、牧師は支配する者になり、教会員は支配されるばかりで、牧師に逆らえず、何も言えない。その現実が教会の問題であることが多かったです。

だれかが支配者、服従させる者になる時、教会は問題です。パウロの時代、教会の中に支配する者と支配される者ができてしまう、三つの大きな危険がありました。妻と夫の関係、子と親の関係、奴隷と奴隷の主人の関係です。だからパウロは、この三つの関係に対する教えを書き送りました。5章21節から6章9節までがそうです。パウロの時代、これら三つの関係ははっきりしていました。それは、支配する者と支配される者であり、服従させる者と服従させられる者の関係でした。教会の中では、そうであってはなりません。

パウロは教会の人々にとって一番身近で、一番多い例として、最初に、妻と夫の関係がどうあるべきかを取り上げました。今でこそ、妻と夫は対等なパートナーとしての関係ですが、パウロの時代には、その関係は妻の一方的な隷属でした（今でも、夫が暴力的に妻を支配するドメスティックバイオレンス＝DVの問題があります）。教会の中ではそうであってはなりません。ところが、きょうの聖書箇所を読むと、むしろパウロは古代の夫婦のあり方を認めているかのように思われます。そして実際、この箇所は一方の側によって都合良く解釈されてきました。一方の側というのは、男性の側、夫の側です。

妻たちよ、主に仕えるように、自分の夫に仕えなさい。

この言葉は、キリストに仕えるような徹底した従順さで、妻に対して夫への服従を求めているかのように見なされてきました（さすがに、現代になってもそんな解釈をする人はいないでしょうが）。この箇所だけを切り離して、独立した命令として使うと、そのようになってしまいます。この言葉を、二つの事実を疎かにして読むのは間違いです。その一つは、この箇所の直前に21節があるという事実です。

キリストに対する畏れをもって、互いに仕え合いなさい。

これが実は大原則です。この大原則に基づいて、妻への勧告がなされているのですから、妻だけに一方的に「仕えなさい」と命じているわけではありません。もう一つの事実は、22節の「主に仕えるように」という言葉です。

そもそも、わたしたちはなぜ主に仕えるのでしょうか。それは、主キリストが命をも惜しまずにわたしたちを愛し、わたしたちにキリストご自身がまず仕えてくださったからです。だからこそ、わたしたちは深い感謝と信頼を抱いて、主に仕えるようになります。そうであるなら、「主に仕えるように、夫に仕えなさい」という命令は、妻に対する夫の愛と献身が先にあるというこいうのです。ある人は、仕えるようにと命じられているのは妻だけで、夫には妻に仕えなさいと言われていないと反論するかもしれません。確かにパウロは、夫に対して「自分の妻に仕えなさい」とは言いません。それは古代の人々にとって、とても奇妙で異様な言葉になったでしょう。現代のわたしたちだって、変に聞こえると思います。

確かにパウロは、夫に対して、妻に仕えよとは言いません。しかし、パウロは実際には夫と妻が「互いに仕え合うように」と求めます。そのことの根拠、また模範として、キリストと教会の関係を取り上げます。頭であるキリストは、その体である教会を愛してご自分をお与えになった。だから、体である教会は、感謝を抱いて頭であるキリストに仕える。その関係が、夫と妻の関係の模範であり基礎だと言うのです。

キリストが愛し、教会は仕える。夫が愛し、妻は仕える。それだけを取り上げると、わたしたちは勘違いしてしまいます。愛する役目と、仕える役目が、別々であるかのように思い込む勘違いです。

キリストの愛とは、どのような愛だったでしょうか。それは、自分を捨て、十字架の死に至るまで徹底的に、自分自身をわたしたちのために与えてくださる愛、すべてを投げ出してわたしたちを救い、贖ってくださる愛、徹底して、わたしたちに仕えてくださる愛ではなかったでしょうか。キリストご自身が、命をかけてまでわたしたちに仕えてくださった、その愛で、妻を愛しなさいと言うのです。

直接命じられていないから夫は妻に仕えなくてよいなどと思う人は、キリストの愛を勘違いしています。キリストがそうなさったように愛しなさいと言うのなら、その意味は自分のすべてを注いで仕えなさいと命じるのと同じです。キリストは教会の頭です。でも、頭であるキリストは教会に服従を要求しません。頭であるキリストご自身が、仕えるために人となって世に降りました。頭が、まず体に仕えてくださったのです。

互いに仕え合う。この関係は、妻と夫だけのことではありません。頭も含めた、体全体のあり方についても言えます。

頭も、その他の体のどの部分も、自分のためだけに存在してはいません。すべての体の部分は、自己目的ではなく、互いに仕え合う仕方で一つの体を造り上げています。もし、体の一部分が自分のためだけ、自己増殖だけを目的としたなら、その部分はガンと同じです。「キリストがそうなさったように」互いに仕え合う。その関係こそ、教会の姿、教会の現実でなければなりません。夫と妻はもちろん、わたしたちすべての者が互いに仕え合う。それを教会の現実としてゆきましょう。

「互いに仕え合う」ということは、相手の言いなりになることと違います。自分に与えられている賜物、自分の存在そのものを、互いのために用い合って生きることです。「わたしたちはキリストの体の一部なのです」というパウロの言葉が、わたしたちの共通の思いであり続けますよう、切に祈り、願います。

6・1〜4

教会のあり方にふさわしくないにもかかわらず、教会の秩序に持ち込まれる危険のある、この世における常識的な社会秩序の二つ目は、親と子の関係である。続く三番目の関係、奴隷と主人と同じく、家庭内の秩序のあり方について教える。ここでも著者は、弱い立場、従属する立場の者への訓戒から始める。

1節

「子どもたちよ（タ・テクナ）」の呼びかけで語り始め、命令法「ヒュパクウエテ」が続く。「ヒュポ」と「アクウオー」の合成からなる動詞「従う」は、「下で聞く」という意味を持つ。「言うことを聞く」「傾聴する」仕方での「従う」と受け止めておく。

「子どもたち」が年齢的にどの程度の範囲を想定しているのかは示されない。2節で十戒からの引用があることを考えると、年齢的な若さではなく、親子関係の中での「子たち」という意味であろうか。そうであれば、成人した「子ども」も含まれる。子が親に聞き従うことは、古代の家庭において常識的な秩序であった。

しかし、著者は（コロサイ3・20と異なり）「主にあって（エン・クリストー）」を付加する。このことによって、子の親に聞き従うことが、有無を言わせない絶対命令としての服従ではないことが示される。「主にあって」は、パウロの伝統では特別な意味を持っている。それはキリストとの一体性を表現するからである。「主にあって」は、キリストと同じように振る舞うこと、つまりキリストがなさったようにすることである。ここで前提とされるのは、キリストが天の父を愛し敬う仕方で天の父に聞き従ったという信仰的事実である。子は、キリストに倣うことが求められている。

「なぜならそれは正しいこと（ディカイオン）だから」という理由づけもその事実を裏づける。子が父に聞き従うのは、御子と御父の関係がそうだからである。

2〜3節

コロサイ書と異なり、エフェソ書の著者は1節の根拠として十戒を引用し、これが「約束を伴う最初の掟です」との説明を加える。出エジプト記の十戒の中で、第5戒が約束「そうすればあなたは、あなたの神、主が与えられる土地に長く生きることができる」を伴う最初の命令であることを明らかにする。ただし、著者はこの引用をLXX出エジプト記からでなく、申命記5・16からおこなうことによって「あなたは幸福になり」を加える。ただし「主が与えられる土地」という征服のモティーフは除き、「地において（エピ・テース・ゲース）」と述べる。地における「幸福」（よく、幸いに）と、「長寿（マクロクロニオス）」が何を意味するかは触れられない。著者は子が親に聞き従うべきことの根拠として、十戒を掲げたということであろう。その時、単に「長寿」ではなく、「幸いに」生きることができるという、教会において実現している神の新しい秩序に沿った生き方が実現することを告げている。キリストがなさったようにすることが、幸いをもたらす生き方である。

4節

子に対する訓戒と、父に対する訓戒が別々のものではないことを明示するため、著者は「カイ」によって父への訓戒を導入する。子たちに対しては「両親に従いなさい」と命じたのに対して、親に対しての訓戒は「父」が対象となっている。男性形を父母の包括表現と見なすよりもむしろ、ここでは父親に対する明確な訓戒であるとした方がよい。なぜなら、教会における「主にある兄弟姉妹」の関係を、世の秩序である上下関係、支配と被支配の関係に置き換える危険性は、権力を持つ父によってもたらされるからである。子どもを服従させる時、権威主義的な威圧と懲罰を振るうのは父親であった。有無を言わさない服従の要求が考えられている。

「あなたたちの子どもを怒らせてはならない」が具体的に何を指すかは明記されないが、親と子の関係であっても教会においては兄弟姉妹であることを前提に考えれば、子どもに対する支配者として抑圧的な命令や教育を課すことによって、子に反発と怒りを抱かせてはならないという意味であろう。親が子を教え導くことは大前提であり、信仰的なことも含めての養育は親の義務である。しかし、その方法は威圧的、独善的であってはならない。

どのような仕方で両親、特に父は子を養育するべきなのか。著者は「主がしつけ諭されたように、育てなさい」と、ここでも「主がなさったように」ということを模範として提示する。子と同様、親（父）も、主に倣うのでなければならない。「しつけ／教育（パイディア）」「諭し／訓戒（ヌーセシア）」は個々の養育の仕方を区別するというよりも、むしろ、親の子に対する養育全体を意図しているのであろう。親は子を、「主の教育と訓戒」で養育しなければならない。「主の」が具体的にどのようなことかは明らかにされていない。親は「主の仕方」を意識し、問い、倣おうとしながら子に接することが求められる。

こうした訓戒によって形作られる親と子の関係は、もはや単なる支配と被支配の上下関係ではないことは明らかである。「互いに仕え合いなさい」という21節の精神が、親子関係に具体化されることが求められる。

説教　信仰に基づく信念が問われる

エフェソ6・1〜4
出エジプト20・12
マタイ7・7〜12

教会は、イエス様のもとに弟子たちが集まり始めた最初の時から、不思議な、そして他に例を見ない共同体でした。イエス様のもとに集った人々は、その時代では決して一緒になるはずのない、ほとんど交わりを持つことのない人々でした。なぜなら、身分が違う、それだけで別世界でしたから。性別が違う、それだけで同じ席に着くことはありませんでした。貧富の差が、交際相手を決めました。民族が異なる、それが差別の根源でした。奴隷と主人がいっしょに食事をすることはありえませんでした。病人と健康な人はいっしょにはいられませんでした。「女と子ども」は大人の男性の中に入ってはいけませんでした。

イエス様の周りに、そしてイエス様の周りだけに、それらの人々が共に集いました。教会はその初めのあり方を守りました。イエス・キリストを通して一つの神の民とされたと信じ、あらゆる違いを超える恵みによって、キリストの兄弟、キリストの姉妹とされた者同士が、互いに兄弟姉妹として受け入れ合ってきました。

日本語で兄と弟、姉と妹というと、そこには上下関係が生じます。しかし、ギリシア語の「兄弟（アデルフォス）」、姉妹（アデルフェー）」は違います。兄と弟、姉と妹の区別がありません。英語の brother, sister と同じです。上下はなく、後先もなく、目上と目下の関係が含まれていません。したがって、支配と被支配、従わせる者と従う者の関係が、少なくとも言葉においては存在しません。

　古代から教会では、老人と若者が互いに兄弟、姉妹と呼び合いました。親と子が互いに、わたしの兄弟、わたしの姉妹として受け入れ合いました。夫と妻も、互いに主にある兄弟、姉妹と呼び合いました。ギリシア人とユダヤ人が互いをわたしの兄弟、姉妹と信じ、奴隷と奴隷の主人が、「主にある兄弟、姉妹」と挨拶し合いました。キリストを信じる信仰によってキリストの兄弟姉妹とされ、キリストとのきずなゆえに、イエス様の「天の父」を、わたしたちもまた、天の父と呼び、「父よ」と祈ることができるのです。

　しかし、上下のない兄弟姉妹同士にされたからといって、みんな自分勝手になってしまい、わたしはわたし、あなたはあなたでよいということにはなりません。教会に集う人々は皆例外なく兄弟姉妹ですが、教会にはそれぞれの役割、果たすべき務めがあります。教会には最初から使徒が立てられ、執事の職が設けられ、牧者が選ばれ、預言者や教師が活躍しました。教会には指導者が必要であり、教えや管理を担う人がいなければなりません。教会には保護されるべき者がいます。養育される必要のある子どもがいます。導かれるべき求道者がいます。敬うべき長老や年配者がいます。そのような関係は、教会の秩序に不可欠でした。

　問題は、それらの関係が上下関係となり、支配者と被支配者を教会の中に作り出すのか、それとも、兄弟姉妹としての友愛によって関係が築かれるかです。教会は上下関係ではなく、支配する者と支配される者の関係でもなく、主にある兄弟姉妹の関係によって建て上げられるべきものです。

きょうの聖書箇所で、パウロは両親と子どもの関係について教えました。親子関係は、支配と被支配に陥りやすいからです。親子であっても、教会では兄弟、姉妹です。しかし、親子でなくなるわけではありません。親子の関係は変わりません。しかし、世の中での親子関係のままでよいのではありません。親子の関係を破壊せず、否定せず、なおかつ教会での兄弟姉妹の関係を生きることは、パウロの時代もですが、現代でも難しいことです。親は子に、自分の期待や願望を背負わせてしまい、期待に沿わない子を不当に低く評価してしまいます。また子は、親からの自立を敵意や軽蔑へと変えてしまいます。だからこそ、パウロは教会の中で特に注意すべき人間関係の二番目に、親と子の関係を取り上げたのでした。

パウロは子どもたちに「両親に従いなさい」と命じます。現代の子どもたちは、この言葉だけで聖書が嫌になるかもしれません。しかし、パウロはここで有無を言わさぬ服従を求めてはいません。「従いなさい」と日本語に訳された動詞は、「下に」と「聞く」が合わさってできた言葉です。親の言葉が価値あるものと考えてしっかり聞きなさいという意味です。というのは、子よりも長く生きて世間を体験した両親の知識と経験、そして何よりも信仰的な価値観と、善を生きるための知恵は、子にとって耳をしっかりと傾けて聞き、受け入れるに足る価値があり、その必要があるからです。

親の経験から学ばない子は愚かです。親は子に対して、何を優先すべきかを伝え、何を本当に大切にすべきかを教える義務と責任があります。子は親に対する敬いの気持ちをもって、聞き従う義務があります。「何でも言いなりにならなければいけない」という意味ではありません。有無を言わさぬ服従を子に求めることは、パウロの意図ではありません。パウロは「主に結ばれた者として」という言葉を加えているからです。親は主に結ばれた者として子どもに向き合い、子は主に結ばれた者として親に向き合います。親と子が、信仰的にどのような関係を生きるべきか。そのことをパウロは求めるのです。

親は子に対して、信仰的な信念をもって教え導くべきです。この点で揺らいではいけません。神を信じるも信じないも、あなたの好きにしてよいなどという言葉は、親に確信と信念がない証拠です。

親が子に何かを言い、教える時に抱くべき、わたしたちの信仰に基づく信念とは何でしょうか。それは「主がなさったように」ということです。主イエスがなさった、そのようにわたしたちもする。それこそが、わたしたちのあらゆる関係における、信仰に基づく信念です。たとえば、親は子を、主イエスが幼子を抱いて祝福なさったように、恵みと祝福をもって子を抱き、受け入れます。子は親に対して、主キリストが天の父なる神になさったように、信頼と敬意を抱くのです。互いに疎んじたり、面倒がったり、苛立ったり、怒らせたりしてはいけません。それは親子だけでなく、兄弟姉妹の関係においても同じです。

「主がなさったように」。それをわたしたちの信仰に基づく信念としましょう。その原則で、すべての兄弟姉妹と接しましょう。それこそが、親子はもちろん、教会におけるあらゆる人間関係を、喜びに満ちたうるわしいものにすることでしょう。教会は、わたしたちの教会が、今すでにしているように、本来、兄弟姉妹の交わりを喜びながら、いっしょに天の御国を目指して世を旅する神の民なのです。

6・5〜9

この世の社会構造が教会の交わりに持ち込まれることによって、教会の本質が損なわれる危険のある第三の問題は、奴隷と奴隷の主人の関係である。

奴隷制度は現代、特に聖書研究が進み、注解書が多く出版されている西欧先進諸国では過去の問題と見なされているためか、注解書でのこの箇所の解説は短く簡潔なものが多い。現代においても形を変えた奴隷制度は存続し、日本はその点で海外の人権団体による批判の対象である。低賃金で労働を強いられる海外からの「研修生」、風俗産業などで働く外国人女性などが、不当で強制的な労働に従事させられ、経済的に搾取されている。世界的には奴隷制度は今も現実の問題であることは、ISやボコ・ハラムの支配下で起きていることが示している。

古代世界では、奴隷の存在は自明であり、奴隷廃止運動や人権擁護活動などは想定さえされていなかった。奴隷は社会秩序の一部であり、奴隷の存在によって社会構造そのものが維持されていた。ただし、ローマでは大規模な奴隷反乱が数度起き、特に紀元前一世紀のスパルタクスの乱（前七三〜七一年）以降、奴隷に対する扱いは次第に緩和されていった。エフェソ書の時代は、戦役による大量の捕虜を獲得することは少なかったので、多くの奴隷は負債のために売られたことによる。彼らは金銭によって売り買いされる「物」であり、所有者にとっては貴重な財産であった。ある程度の権利は法的に認められていたが、主人やその家族と対等ではありえず、命令に不従順な奴隷は処罰された。

古代社会では奴隷も広い意味で家庭の一部であり、したがって、家庭訓の中に奴隷が含まれた。エフェソ書（コロサイ書も）はその伝統を踏襲して、キリスト教的家庭訓の中に奴隷を含めている。

5節

「奴隷たち」という複数呼格による呼びかけから始まり、「従え（ヒュパクウエテ）」によって、「肉による主人に従え」との命令を与える。無条件の絶対命令として告げられるが、奴隷の側がどのような態度で従うべきかが付加される。「キリストに従うかのように、あなたがたの心からの誠実さのうちに畏れとおののきをもって」と。あたかもキリストに従うかのように主人に従いなさいという命令は、奴隷を信仰的に懐柔する方便のようにも思われる。

6～7節

5節の内容が著者にとって特に重要なものであることを明らかにするため、6～7節において念を押すかたちで繰り返す。ここで戒められているのは、動機がどうであれ、主人に従うことが表面的だけのものであってはならず、一貫して誠実であること、つまり清い心であれということである。外面と内面の不一致は、信仰的な生き方ではないということであろうか。

奴隷が主人に従うことは当然の義務であり、不従順は処罰されるべきことであった世界で、奴隷は主人に従わねばならず、それ以外の選択肢はなかった。そうであれば、どのような意志と態度で従うべきかということだけが、奴隷にとっての唯一の選択肢である。著者はそこで、奴隷に対して、主人に従う時、単に人間に従わせられていると考えるのではなく、人間の主人への服従を超越する仕方で従うことを勧告する。奴隷は自らを「キリストの奴隷」と見なし、「神の御心をおこなう」のだと考え、「人にではなく主に仕えるように」、「喜んで仕えなさい」と勧告する。奴隷は、自分が主人への服従を強制されているにすぎない者ではなく、キリストに仕える者であることの表現として、人ではなくキリストに仕えているのだと意識を変革することができる。こうして、人に仕えさせられる奴隷の状態を、精神的・信仰的に超越させるのである。肉においては肉の主人の奴隷であっても、精神的にはキリストの奴隷として自由な者とされる。

8節

「あなたがたも知っているとおり」は、以下に述べることが自明のことであることを際だたせる。自明なこととは、「何であれ善をおこなうなら、『それ（トゥート）』を主から受ける」。「トゥート」はほとんどの場合「報い」「報酬」と訳される。NRSVは the same と訳す。「奴隷であれ自由人であれ」がすぐに続くことを考えるなら、奴隷も自由人も同一の「それ」を受けるということなので、「同じもの」あるいは「（同じ）報酬」と解釈するのがよいであろう。

ここで著者は、奴隷と自由人との間に、主の前ではなんら違いがないことを明らかにして、主人への訓戒へと進む。

9節

著者は「そして（カイ）」によって主人への訓戒を導入することにより、奴隷への訓戒と主人への訓戒が別々の訓戒として分離されないよう意図する。「主人たち、彼らに対して同じ事々をおこないなさい」。

「同じ事々（タ・アウタ）」が、誰に対して「同じ事々」なのかを、著者は具体的には語らない。複数形であることから、あらゆること（すべてのこと）が想定されているのであろう。同じ振舞いをしなければならないという命令は、主人の家族や自由人仲間と同じ言動を奴隷に対して要求していると考えるべきである。8節で著者はすでに、奴隷と奴隷の主人に同じ「主」がおられることを告げている。奴隷の主人は、自分自身と奴隷の両方が、同じ主のもとにあり、同じ秤で報酬を受けることをわきまえなければならない。「脅し（アペイレー）」は、奴隷に対する奴隷主人の普通の態度であったのであろう。もはやキリストにある兄弟姉妹の奴隷は、脅して従わせる関係にはない。自分の仲間（自由人）と同じに扱うべきである。なぜそうすべきなのか。著者はここでふたたび8節と同じ導入、「知っているとおり（エイドテス・ホティ）」を用いて、「彼らとあなたがたの主が天におられ、主には人を偏り見るということがない」ことを理由としてあげる。

社会制度上の奴隷と主人という立場が、教会の中でどのように変革されねばならないかを、著者はかなり革新的に指示する。問題は、奴隷と主人が、その切り替えをいつ、どのようにするかである。教会の集会に集う時だけですまないことは明白である。自宅でも、公の場でも、立場は奴隷と主人であっても、主人は奴隷を同じように扱い、お互いが兄弟姉妹として存在することを、一貫性をもって証しすべきである。もし主人がそのようにするとしたら、彼らのあり方は、教会内部だけで済ませることはできず、彼らの友人、知人、交流のある人々を刺激し、場合によっては変人扱いされ、危険思想の持ち主と見られる可能性もあったであろう。

また、初代教会のキリスト者に奴隷が多くいたことも、教会のあり方がこうした人間関係を現実にしている、あるいは現実になりうるとの望みを抱かせたからであり、それが彼らにとって魅力的だったからなのではないか。

説教　ただ神だけがわたしたちの主

エフェソ6・5〜9
申命記6・4〜9
マタイ11・28〜30
詩編95

きょうの聖書箇所、エフェソ6・5〜9について、いくつか聖書注解書を調べてみました。その結果、ある事実を発見しました。驚くほどに、この箇所の解説が短くて簡単に済まされているのです。なぜなのでしょうか。

奴隷と奴隷の主人と言われても、現代には意味がないからでしょうか。少なくとも、先進諸国では奴隷制度はないとされています。実は、人権団体からは日本がこの点で批判されています。日本には法的に奴隷は存在していなくても、現実には奴隷とされている人々がいるとの指摘です。低賃金で働かされる外国人労働者や、風俗産業で働く外国人女性が搾取されているからです。暴力や搾取から女性を救出するキリスト教活動が日本にもあります。また、世界各地では現代でも、奴隷とされている人々が現実にいます。でも、わたしたちはそれが遠い彼方の国や地域の問題であって、日本にいるわたしたちは、奴隷制度とは無縁だと考えています。そのために、エフェソ書の言葉はとても遠いもののように思われます。歴史的には、この箇所は奴隷制度を支えるために利用されてきました。近代になると逆に、奴隷の存在を肯定していると批判されました。

確かに、イエス様の教えには僕《しもべ》（奴隷）がしばしば登場します。きょうの箇所でも、パウロは奴隷と主人の存在を否定しません。イエス様もパウロも、初代の教会も、革命家ではありませんでした。この世の制度や社会構造を転覆させるような活動はしませんでした。むしろ、この世の現実を前提として信仰生活を考え、この世の仕組みの中で、教会の秩序がどうあるべきかを教えています。奴隷制を廃止して、すべての人が平等な社会に変えようなどということは、近代以降の人々の考え方です。

パウロにとっても、その時代のキリスト者にとっても、奴隷が存在するということは世の仕組みの大前提でした。奴隷というものがいない社会など、思いつきもしませんでした。むしろ、そういう現実の中にある教会において、夫も妻も、親も子も、そして奴隷も主人も、同じ兄弟姉妹であるとは、どういうことなのかを考え、生きようとしたのでした。

奴隷とその主人がいっしょに礼拝に集ってきます。その現実と、この世の現実を、どう受け止めるべきでしょうか。教会はどうあるべきなのでしょうか。その答えをパウロはこの箇所で与えようとしています。奴隷と奴隷の主人、そして彼らが集う教会の人々に、教会とはどのような共同体であるべきかを示すのです。

ですが、その答えを見ると、わたしたちは衝撃を受けることでしょう。あまりにこの世を肯定しすぎているようで、がっかりする内容に思われます。

奴隷たち、キリストに従うように、肉による主人に従いなさい。人にではなく主に仕えるように……、喜んで仕えなさい。

これではまるで、パウロは奴隷制度を肯定しているかのようです。それどころか、積極的に奴隷の存在を支持しているかのようです。

しかし、実際にはそうでないことは、奴隷たちに対する教えを語った、その返す刀で、奴隷の主人たちに与えた命令が明らかにしています。パウロはこう命じます。

主人たち、同じように奴隷を扱いなさい。彼らにもあなたがたにも同じ主人が天におられ、人を分け隔てなさらないのです。

人を分け隔てする究極のかたちが奴隷制度です。奴隷は主人によって物として扱われるからです。パウロの、主人への命令は、とても不思議な言葉です。「同じように奴隷を扱いなさい」。いったい、どういう意味でしょうか。直訳すると「同じことを奴隷に対しておこないなさい」。「同じことを」と言うのであれば、「何と同じこと」なのかが示されなければいけません。しかし、何と同じことなのかを、パウロは言わないのです。「同じこと」は複数形なので、むしろここでパウロが言おうとしているのは、「あらゆることについて、同じことをおこないなさい」ということです。

奴隷の主人は、あらゆることについて、奴隷ではない人々におこなうのと同じことを、奴隷に対してもおこなうことが求められています。家族や友人に対する態度と、奴隷に対する態度が異なってはいけない。そう命じられているのでしょう。この世の仕組みにおいては奴隷と奴隷の主人であっても、信仰者同士である彼らの関係においては、主人は奴隷を奴隷のように扱ってはなりません。なぜ信仰者はそのように考え、振る舞うことが必要なのか。その根拠をパウロは示します。この世では奴隷と奴隷の主人とに分けられているとしても、実はどちらもが、天におられる同じ主人の僕《しもべ》同士ではないかと。

信仰者には、この世の現実の中で、この信仰的大原則が与えられています。「同じ天の主に従う、同じ僕同士」。この大原則に基づいて、この世でどう生きるべきなのか。そのことをパウロは、この箇所で教えるのです。

奴隷は、この世の仕組みにおいては奴隷なのですから、主人に従う義務があります。しかし、それはもはや、強制的に科せられた労働ではなく、逃れられない苦役に服従させられるのでもありません。パウロは奴隷たちに、こう語りかけます。

キリストに従うように、真心を込めて、肉による主人に従いなさい。キリストの奴隷として、心から神の御心をおこない、人にではなく主に仕えるように、喜んで仕えなさい。

この世の仕組みにおいては、奴隷であることは現実です。しかし、キリストにおいてはすでに解放され、自由なのです。そのことが、教会の中では現実となっていなければなりません。だから、強い立場にある奴隷の主人に対して、パウロは命じるのです。彼らを自分たちと同じように扱いなさいと。その具体例として「彼らを脅すのはやめなさい」と告げます。こうして、奴隷と奴隷の主人の両方ともが、教会においては、兄弟姉妹としての新しい関係、新しい秩序を生きることになるのです。

同じ主人が天におられる。その意味は、ただ一人の主人が天におられるということであり、その他のいかなるものも、わたしたちの主人にはならず、わたしたちは神以外の何ものにも奴隷とされず、誰にも服従させられず、強制的な苦役を強いられないということです。

　このことは、現代のわたしたちにも深い関係があります。確かに、現代日本の社会制度には、奴隷はいません。しかし、わたしたちを服従させ、隷属させようとする力は、今の世の中に現実にあり、その力を強めています。「社畜」とは嫌な言葉ですが、そんな現実があるのでしょう。国家がわたしたちの意志を踏み潰す仕方でいろいろなことを強制します。国旗や国歌を強制され、愛国心を要求され、今のままでいけば、軍隊への協力が義務化され、やがては徴兵制によって国家への服従が強要されることでしょう。近隣諸国の人々への蔑視や侮辱を共有することが求められるような、歪んだ民族主義が人々の精神を支配するようになることでしょう。今や、権力者がおごり高ぶって、言論の自由を踏みにじり、人権を軽んじて人々の権利をないがしろにして、暴力的な主人のように振る舞い始めています。

　国家も権力も、この世の現実であり、秩序として存在しています。富も地位も、この世の現実であり、支配力を持っています。しかし、それらが脅迫的な主人であってはならず、むしろ、天の主である神に仕えるしもべであるべきです。

　良い秩序を与え、世の平和と安定をもたらすかぎりにおいて、わたしたちは、ちょうど古代世界で奴隷が喜んで主人に仕えたように、今の時代の社会的秩序と平和のため、喜んで世の仕組みに協力します。しかし、それらが限度を超え、脅すような仕方で主人となり、わたしたちを奴隷化しようとする時には、わたしたちはそれが間違いであることを明らかにする責任があります。

なぜなら、わたしたちはこの世のいかなるものの奴隷にもされず、ただ神だけがわたしたちの主であると信じるからです。

神だけがわたしたちの主。この確信だけが、わたしたちをあらゆる隷属から解き放つことでしょう。わたしは断言します。人ではなく、ものでもなく、ただ天におられる唯一の神だけを主と信じるのでないかぎり、かならず、この世の何か、この世の誰かが、わたしたちを脅す仕方で主人となり、わたしたちを隷属させることでしょう。「ただ神だけがわたしたちの主」。この確信を、わたしたちはしっかりと胸に抱き、魂に刻み、誇り高く生きてゆきたいものです。わたしたちは、キリスト者。キリストだけに属する者ですから。

6・10〜20

これまでの箇所で著者は、教会の意味と本質について論じてきた。教会は神によって選ばれ、贖われてキリストの一つの体へと召されたのだから、その召しにふさわしく、光の子として歩まねばならない。教会における人間関係がどうあるべきかを、具体的な事例を通してエフェソ書は教えている。この手紙の大部分を用いてのこうした論述がそれで終わったなら、エフェソ書は教会内部向けの内向きな文書としての傾向が強くなったであろう。最後に付された10〜20節が、この手紙における信仰者と世の関係を明らかにする。世に生きる信仰者は戦士として生きる。そのために必要な装備と心構えが告げられる。武具の表象は、一テサ5・8の描写を大幅に拡充したものであろうか。

10節

「最後に（トゥー・ロイプウ）」は、付加をおこなう時に用いられる。しかし、ここでは結びの勧告を語るという意味であるが、最後に述べるべき重要なことがらの導入として用いられている。

「強くありなさい（エンドゥナムウスセ）」が自分の力によるのでなく主キリストによることを、

著者は「主にあってそして彼の力による強さによって」という言葉で明らかにする。強くあれと命じるが、その強さは主キリストに与えられるものである。

11節

「身に着けなさい」という命令法で求められるのは、神の完全装備「テーン・パノプリアン（パース＋ホプロン）」であり、その目的は「悪魔（ディアボロス）の策略に立ち向かうことができるために」である。悪魔そのものに立ち向かうのではなく、敵はその「策略（タース・メソディアス）」であり、そのためにはフル装備が必要とされる。ここで暗示されるのは、神の装備なしには悪魔の策略に対抗できないという事実である。

12節

なぜ「神の装備」が必要なのか。それは「わたしたちにとっての戦いは血と肉に対するものではなく」だからである。ここで「ウーク……アッラ」の構文を用いることによって、何との戦いであるのかが強調される。著者は「戦い（ヘー・パレー）」（組み討ち、格闘、戦闘）という語を用いるが、それが通常の武器を用いた戦闘ではないことを「血と肉に対するものではなく」と表現する。戦いの相手、つまり敵は、支配、権威、この暗闇の世の支配者、天にいる邪悪な諸霊の四つがあげられる。新共同訳聖書は、支配と権威の関連性を踏まえてであろうか、「支配と権威」と一つにまとめて訳している。それぞれが何を指すのかはともかく、いずれもこの世を実質的に支配下におく強大で主要な力の持ち主という点で共通する。神の武具を身に着けて戦う者は、圧倒的に強大な力に対抗しようとしているのである。

13節

12節を「それゆえ（ディア・トゥート）」で受けて、著者はふたたび「神の完全装備」を繰り返し、「取り上げなさい（アナラベテ）」と命じる。そうすることが目指すのは「ヒナ」で導入される目的節である。「邪悪な日にしっかりと対抗することができ、すべてを成し遂げて堅く立つことができるように」。神の武具が繰り返されることにより、それがどれほど重要かを読者に印象づける。11節の「悪魔の策略に対抗して立つことができるように」と同じ内容を別の表現で言い換えている。信仰者の本質は戦士であることが強調される。

14節

ここから著者は、神の完全装備が何かを具体的に物語る。16節までに挙げられる武具を身に付けることは、「立て（ステーテ）」の状況を説明する副詞句で表現される。イメージとしては、戦闘に先立って装備を整えてしかと立つ戦士が思い浮かばれる。最初に挙げられるのは、「あなたの腰に真理で帯締めをして」、「正義の胸当てを着けて」。腰に帯を締めることは、戦いもしくは仕事に取りかかる心身の準備を指す（ルカ12・35を参照）。

15節

「平和の福音の装備を足に履いて」。イザヤ52・7に基づく。パウロもローマ10・15でイザヤの箇所を引用している。戦士と平和の福音の結びつきは逆説的に思われるが、エフェソの描く戦士は血肉の戦いとはまったく異なる戦いの戦士であり、平和をもたらす働きのために歩を進める。

16節

「なおその上に（エン・パーシン）」によって、さらなる装備を重ねる。「信仰の楯を取りなさい」。詩編は神が「わたしの楯」（28・7、33・20、59・12など）であることを繰り返し歌う。その伝統に沿って、著者は主への信頼である信仰を「楯（スレオス＝長楯）」に見立てる。全身を防御することのできる長楯は、敵の攻撃、特に矢の攻撃を防ぐのに有効であった。そこで著者は「悪い者の放つ燃えさかる矢をことごとく消すことができるために」と、楯の目的を述べる。単に「防ぐことができる」のではなく、火の矢を「消すことができる」というのは、通常の楯をはるかに越える、信仰の（すなわち神という）楯の特別な力への信頼であろう。

17節

「そして、救いの兜を受け取りなさい（デクサスセ）」は、イザヤ59・17に基づく。イメージからすると、手渡される兜を受け取ってかぶる姿である。兜を手渡すのは神が想定されているのであろう。

「そして、霊の剣（テーン・マカイラン・トゥー・プニューマティ）を（受け取りなさい）」は、腰に差す短剣。これが六つの武具の中で、唯一の攻撃のための武器である。しかし、剣が本来は殺傷のためのものであるのに対して、著者は霊の剣がまったく異なるたぐいの武具であることを、続く剣の説明で明らかにする。「それは神の言葉（レーマ・セウー）である」と。「ロゴス」ではなく、口に出された言葉を意味する「レーマ」が用いられているのは、神の戦士が語るべき具体的な言葉を意味するからであろう。戦士が唯一持つ、敵に対する攻撃の武具は、神の言葉すなわち、わたしたちが告げ知らせる福音の具体的な言葉であり、それは人を救う言葉である。

なぜこれらの武具が必要なのか。その理由は、エフェソ書の著者がこの世を悪との戦いの場と考え、信仰者をその場で敵と戦う神の戦士と見なしているからである。完全装備の神の戦士は、何よりもまず神の武具によって完全に守られる。その上で唯一の武器として霊の剣を受け取る。すべての武具は自分で獲得する人間的なものではなく、神によって備えられ、与えられるものである。

18節

戦士としての信仰者は、その戦いが神に全面的に依存しているゆえに、「すべての祈りと請願を通して、どんな時にも霊にあって祈り」、「絶えず目を覚ましてすべてにおいて忍耐強くあり、すべての聖なる者たちのために祈りなさい」。ここで著者は、神の戦士が祈りをもって戦いの場に出て、祈りをもって世の戦いを続けるべきことと、祈りを自分のためだけでなく「すべての聖なる者たち」へと広げさせることによって、パウロのための祈りの要請へと移行する。

19節

「わたしのために」を最初に置く。エフェソの信仰者は、パウロのために以下のことを祈ることが要請される。祈り求めるべきは「わたしに言葉（ロゴス）が与えられるように」。著者はパウロの状況と、パウロの福音の意味を簡潔に表現する。大胆に口を開くことと、堂々と福音の秘義（ミュステリオン）を語ること。それがパウロの役割であり使命であり、パウロの置かれた状況が困難にしてきた課題であった。

20節

著者はパウロが福音のために「鎖につながれて」（おそらく）いたことを知っている。この手紙をパウロの最後の書簡、いわば遺言として受け止めてほしいとの願いが込められている。

説教　主の偉大な力を身にまとい

エフェソ6・10〜20
イザヤ8・11〜13
マタイ22・34〜40
詩編46

これまで、わたしたちはいっしょに十九回の礼拝を、エフェソの信徒への手紙からの説教で過ごしてまいりました。わたしにとって、とても意義深く楽しい歩みでした。それも、きょうと来週で終わります。

きょうの箇所は、エフェソの信徒への手紙本文の最後にあたります。エフェソの信徒への手紙は、教会とは何かを全体の主題としています。教会とはどのような共同体であるのか、その交わりの中で信仰者としてどう生きるべきかを教えています。

教会は一つのキリストの体であり、全体が補い合って一致するべきこと、教会の中で兄弟姉妹として互いに愛に基づいて生きるべきこと、それがこの手紙を通してわたしたちがこれまでに学んできたことです。しかし、もしそれだけなら、エフェソの信徒への手紙はとても内向きです。教会をこの世とは別の世界であるかのように切り離し、信仰の目を教会の内側だけに向けさせることによって、教会の内側だけにおもな関心を向ける閉鎖的な手紙になったことでしょう。パウロはこの手紙の最後の部分で、そうではないことを明らかにします。きょうの箇所は、エフェソ書が内向きなだけの文書ではないことの証です。

ここでパウロは、「最後に言う」という書き出しで、最も重要なことを最後に書き記しました。パウロは、この世のただ中、現実の世界で生きている信仰者に、どのような考えと意志、どのような確信と態度で生きるべきかを告げます。

エフェソ書を読み進めてきた読者は、誰も例外なく、この箇所に来ると、世の現実へと送り出されてゆく身であることを自覚して、身の引き締まる思いで、心を高く上げて、教会の門を出てゆくことでしょう。なぜなら、この世は神の御心と大きく異なる、罪の力に支配されている世界だからです。この世界は決して楽園ではなく、むしろ荒れ野です。エフェソ書はその事実をいろいろな言葉で表現してきました。この世界は「不従順な者たちの内に今も働く霊」に支配されていて、「暗闇のわざ」に満ち、「欲にかられた」世界です。そんな世界に、信仰者は礼拝の後、出て行かなければなりません。否、むしろ帰ってゆかなければならないと言うべきでしょう。なぜなら、わたしたち信仰者の生活の場は、この世の中にあるからです。

皆さんはどうでしょうか。教会で礼拝を終えて、何を思いながらここから出て行くのでしょう。「さあ、礼拝は終わった、現実に戻らなくちゃ」と思いながらでしょうか。霊的な晴れ着から、ふだん着に切り替えて出て行くのでしょうか。それとも、戦いの場に出て行く戦士として、でしょうか。

パウロがここで語る信仰者の姿は、十五世紀のあるキリスト教徒の姿を連想させます。神聖ローマ帝国の大軍と戦ったボヘミア（チェコ）のフス派の人々です。フス派は後のプロテスタント教会の先駆けになった人々です。圧倒的な軍事力を誇る軍隊を前にしたフス派の人々は、一つの賛美歌を歌いながら、戦いの場へと出てゆきました。その賛美歌の曲名は「汝ら神の戦士」。自分たちのことを「我ら神の戦士」と呼んだのです。

きょうの箇所でパウロがわたしたちに告げるのは、まさにその事実です。「我ら神の戦士」。その誇りと確信を抱いて、戦いのための装備を整えて、圧倒的に強い敵に胸を張って立ち向かうため、世に出て行きなさいと言います。この世は戦場ですから、この世で生きるためには、信仰者は戦いの装備を身に着け、心を定めることが必要です。装備なしに戦いの場にさまよい出て、不用心にうろついていれば、瞬く間に命を落とすか、敵に捕らわれて仲間に引き込まれるでしょう。

しかし、パウロの言う神の戦士と、帝国軍と戦ったフス派の戦士には、決定的な違いがあります。それはフス派の人たちが文字通り、武器を取って戦場で戦ったのに対し、パウロがここで語る神の戦士は、まったく異なる敵、異なる戦いをします。この世は戦場ですが、わたしたちの戦いは軍事力の戦闘ではありません。その戦いが暴力的な戦い、人を傷つける戦闘とは異なることを、パウロは、はっきりとこう表現しています。


わたしたちの戦いは、血肉を相手にするものではなく、

では、わたしたちはいったい何に対して戦いを挑んでいるのでしょうか。パウロは四つの敵を挙げます。日本語訳聖書は、「支配と権威」という形で一つにまとめていますが、本来は、支配と権威は別々の敵として挙げられています。支配と権威は深く関連しているので、一つにまとめて訳したのでしょう。

この世の支配と権威がどうして敵なのでしょうか。それは、支配と権威がしばしば、人の人格を軽んじて物として扱い、消耗品のように利用し、命を奪う仕方で力を行使し、そのための法や制度を作り出すからです。現在の政府がしようとしているのは、まさにそのことです。個人の尊厳と自由を、国家の統制下に置いて束縛しつつあります。そのような支配と権威に対する戦いは信仰的なものですが、同時に民主主義と、主権が国民にあることを守る戦いでもあります。教会単独でできることではなく、この世の良心的な人々、人権と平和を願う人々との共同の戦いが必要です。

三番目の敵として挙げられるのは、この暗闇の世界の支配者です。パウロはすでに5・8で、「あなたがたは、以前には暗闇でした」と述べ、暗闇の世界がわたしたちに身近なものであったことを明らかにしています。この世には、悪への誘いが満ちています。たとえば貪欲さは、わたしたちをけちん坊にして、困窮している人に対して冷淡にさせ、人の物に対するねたみを抱かせます。互いへの疑いと不信は、敵を作り出し、恐れを抱かせます。自分の平和だけを追い求めると、平和を口実にした敵意と対立が際限なく深まってゆきます。こうして、暗闇の世界の支配者はわたしたちを不正義と無慈悲の奴隷としてこき使い、和解、赦し合い、相互信頼を壊す働きへと駆り立てることでしょう。

四番目にパウロが挙げる敵は、天にいる悪の諸霊です。「天」は神の領域のことではなく、この世を覆う空中のことです。聖書は神が天におられると教えます。それはこの世界を超えた、天の天、いと高き神の領域のことです。人はこの世のことばかりに心を奪われてはならず、天を見上げ、神に向かって心を高く上げるべきです。そうしないと、この世のものだけを追い求め、この世のことばかりが心を占領し、互いに支配したり支配されたりすることが命の使い方になり、この世が与える物質や富や権力や名誉を獲得することが、幸福の条件のように思い込んでしまいます。

ところが、わたしたちと神のおられる高い天の間には、天の諸霊がうようよしていて、高い天の神ではなく、諸々の霊力がもたらす脅しや恐れ、この世の富や力への勧誘ばかりを見させるのです。天にいる悪の諸霊は、わたしたちが天の神を見上げて、神への信頼と感謝を抱くことを妨げ、この世の欲望や願望を崇拝させ、それらをひたすら求めさせるでしょう。

天にいる悪の諸霊との戦いは、それらを払いのけて、いと高き天におられる神へと目を向けるための戦いです。これらの敵との戦いは、軍事力を用いる暴力的な戦いと正反対です。むしろ、わたしたちの戦いは暴力的な力を使えば使うほど、いっそう敗北が明らかになるたぐいの戦いです。それは非軍事的な戦いであり、反暴力的な戦いであり、霊の戦いであり、わたしたちは、その戦士です。戦いに臨むのですから、戦いのための装備を身に付けなければ、わたしたちはこの世の戦いに敗北します。

どのような装備を身に付けるべきでしょうか。パウロは6種類の装備が必要であることを教えています。真理の帯、正義の胸当て、福音を告げるための履き物、信仰の楯、救いの兜。そして最後に、「霊の剣、すなわち神の言葉」。とても興味深いことに、六つの武具の内、五つは攻撃のためでなく、自分を守るための武具です。

それは、わたしたちはこの世で、とても激しい敵の攻撃にさらされるからです。この世は、わたしたちの信仰を踏み潰す力や言動に事欠きません。神を信じても、何ももうからない。神を信じても得にならない。神を信じても成功も繁栄も保証されない。神を信じているために不利益をこうむる。そんな声がわたしたちにささやきかけてくることでしょう。神への信頼を揺るがす事件や出来事が、わたしたちの身に生じます。信仰者も病に倒れ、事故に遭い、災難に見舞われ、苦難が訪れます。この世の支配者や権力者は世界を敵と味方に仕分けしようとし、真理を自分たちの都合に合わせてねじ曲げ、不正義を嘘や欺きで正当化します。日の丸や君が代を強制することはないと明言しながら法制化して強制し、それが今では私学や大学にまで及ぼうとしています。このままでは祝日に日の丸を掲げることが強要されかねません。その流れを見れば、安保法案で「しない」と言われていることが、いずれはされるのだろうと推測せざるをえません。この法案は周辺の国々を敵として想定した法案です。敵と見なす人々への不信と対立を深めるなら、いつか互いに敵対関係を積み上げて、破滅することでしょう。

きょう、旧約聖書はイザヤ書から読みました。はるか太古に、預言者イザヤは人々に警告しました。神に頼ることをしないで同盟や軍事力に頼るなら、いつか必ず破滅する時が来る、と。イスラエルの人々にとって、それは現実となりました。それらの敵の攻撃から、わたしたちは信仰的な武具で身を守り、その上でこの世に出てゆかなければなりません。信仰者は、信仰的な生き方と考え方を揺るがされないための、身を守る武具が必要です。五つの装備は、信仰者が信仰者として胸を張り、頭を高く上げてしっかりと立つための、身を守る武具です。

パウロはただ一つの攻撃のための武具を、最後に与えます。

霊の剣、すなわち神の言葉を取りなさい。

剣は、そして剣だけが、敵を打ち倒す武器。しかし、その剣とは人を殺すものではなく、神の言葉、すなわち、人を救う神の言葉です。わたしたちは戦います。それは、誰かを殺したり傷つけたりする戦いではなく、平和を与え、救いを告げ知らせ、慰めをもたらし、愛と憐れみをたずさえて出て行く仕方での戦いです。

そして、何よりも肝腎なことは、これら六つの戦いのための武具はすべて、わたしたちが自分で作り出したり獲得したりするのではなく、神がわたしたちに与えてくださる武具、神の力だということです。だからこそパウロはこの箇所の冒頭で、こう宣言したのでした。

最後に言う。
主に寄り頼み、
その偉大な力によって強くなりなさい。

わたしたちが身にまとう戦いの武具は、主なる神の力です。わたしたちは、主の偉大な力を身にまとい、その上で、この世に出て行きます。ですから、きょうこの場を出て行く時、皆さんは自分たちが神の戦士として出て行くこと、その時、主の偉大な力を身にまとっていることをしっかりと確かめ、心を定め、胸を張り、頭を高く上げて踏み出してゆくことを思い起こしてください。どのような時にも神の霊に助けられて、祈りつつ、互いのために祈り合いつつ、この世の旅を続けるために、わたしたちは出て行こうではありませんか。

エフェソ書では、この箇所で初めてパウロ以外の人名が出てくる。ティキコはパウロの同労者であり、使徒言行録によればパウロがフィリピから船出してエルサレムに上る、いわゆる「わたし資料」の旅に同行した一人として名前が挙げられている（使徒20・4）。アジア州の出身とされている。エフェソ書とコロサイ書によれば、ティキコが、おそらく書簡を携えて、二つの教会を訪れた。使徒27・1でイタリアに向かうことになったパウロははじめ「わたしたち」一行の中にもティキコがいたかどうかは不明である。もし20章の「わたしたち」と同一の一行であるとすれば、ティキコもパウロと共にローマに行ったと推測することもできる。

21〜22節

この部分はコロサイ4・7〜8と、ほとんど一致する。したがって、この箇所はコロサイ書の文言がほとんどそのまま引用されているのであろう。コロサイ書を解釈し直す仕方で書かれたエフェソ書であっても、ほぼ文言が一致する箇所は多くない。20節「わたしはこの福音の使者として鎖につながれています」が、ローマであることを想定しているとすれば、ティキコがもたらすパウロの様子の報告は、ローマでの獄中生活、つまりパウロの最晩年の様子ということになるであろう。

エフェソ書がコロサイ書の挨拶から、この部分を引用したとすれば、エフェソ書の著者はコロサイ書で後に続く同労者たちについての記述を一切引用しなかった。パウロのことだけに限定している。ただし、22節で「わたしたちの様子」と複数形に置き換えていることから、コロサイ書の同労者が意識されていることがわかる。あるいは、使徒言行録の27・1の「わたしたち」に由来するかもしれない。

なぜティキコへの言及を引用しながら、他の同労者の様子に触れなかったのか。その理由は推測の域を出ない。ただ、ティキコがパウロの様子を（エフェソの人々に）伝え、パウロの様子を知ることによって「心に励ましを得る」ことがエフェソ書の著者にとって重要なことであったのは確かである。エフェソ書はパウロの最後の様子を具体的に何一つ語らない。それはティキコによってもたらされるべきものであり、パウロの最後の様子が人々の心に励ましを与えるものであることが、この箇所を手紙の最後に加えた目的であろう。殉教伝のように具体的な描写はないが、その意図は殉教伝と同じであり、聖なる者の最後が証しとなって心に励ましを与えるのである。

23～24節

「兄弟たちに」を間に挟み込む仕方で、「平和と、信仰と共にある愛が」と、平和と愛を並列した形の祝福を信仰の兄弟姉妹に送る。平和と愛は、「父である神と主イエス・キリストから」来る賜物である。平和は、エフェソ書全体が主題とするキリストによる和解の福音がもたらす平和を指す。キリストを頭とする一つの体とされている者の一致は、信仰によってもたらされる愛によって造り上げられてゆく。

「恵み」はパウロが手紙の最後に与える祝福だが、エフェソ書は特定の教会の人々に対してではなく、「わたしたちの主イエス・キリストを愛するすべての人々と共にあるように」と、もはや祝祷は特定の人々ではなくすべての信仰者に宛てられている。いわば、パウロの全教会に対する遺言的な祝福となっている。最後の「不朽性において（エン・アフサルシア）」は謎である。天へと繋がるということか。

説教　メメント・モリ（死を覚えよ）

エフェソ6・21〜24
申命記33・28〜29
マタイ28・16〜20
詩編23

きょうの説教題は日本語ではないので、意味が分かりにくいかもしれません。古代から使われてきたラテン語の表現です。日本語で「死を覚えよ」と訳しておきました。人間がはかない存在であること、死を免れえないことを自覚させる言葉です。

きょうはエフェソ書の最後の部分からの説教です。この箇所からの説教を準備するにあたり、わたしに示された説教題が、「メメント・モリ」、「死を覚えよ」でした。どういう仕方で死を覚えるのか。それは人によって異なることでしょう。忌むべき恐ろしいものとして死を受け止めるでしょうか。いつかは来るとしても遠い先のことと感じるでしょうか。親しい家族の死と結びついて思い起こされるでしょうか。きょうの聖書箇所とメメント・モリ、どうつながるのか。その理由は後ほど話をさせていただきましょう。

わたしはきょう、皆さんへの質問から始めたいと思います。

皆さん、自分自身の生涯全体を考えてみてください。自分の生涯で最も輝く時、みんなに記憶される価値がある時は、いつでしょうか。最も充実した日々を過ごしていた時がそうでしょうか。幸福の絶頂期こそ、最も輝いていた時でしょうか。あるいは、大きなことを成し遂げた成功の時が、みんなに記憶される価値のある時でしょうか。

世間の人々の多くは、そのように考えることでしょう。しかし、わたしたちは違います。信仰者として、わたしたちが最も輝く時、最も記憶される価値のある時は、わたしたちが死を迎える時だと思うのです。わたしたちが神を信じて、キリストの救いを受けた者として死と向き合い、天の神の御許に召されてゆく、その時こそ、わたしたちが生涯の中で最も輝く時として、記憶されるに価します。そして生涯の終わりにあたって、わたしたちが信仰者として、愛する家族や兄弟姉妹に語り伝える言葉が、もし慰めと希望に満ちているなら、それこそ、永く人々に記憶される価値のあるものです。

わたしたち牧者の役目は、皆さんの終わりの時に皆さんの声を聞き、共に聖書を読み、共に祈り、寄り添い、看取り、天に送ることです。わたしたちは幾人もの方が地上の生涯を終えて、天の故郷に帰るのを見届けてまいりました。葬儀の時、わたしが最も大切なこととして皆さんに伝えたのは、それら天に召された方たちがどんな様子で死に向き合い、どんな言葉を語り、家族やわたしたちにどんな言葉を遺したかです。わたしが間違いなく皆さんに言えることは、それら天に召されたすべての方たちが例外なく、その生涯の最後にあたって、とても忍耐強く勇敢で、後に遺される家族や友人への思いやりと愛に満ちた言葉を語ったということです。信仰者の生涯は終わりの時に最も愛の光が輝く。そのことをわたしたちは何度体験したことでしょうか。

きょうの聖書箇所は、エフェソ書の最後の部分です。本文を語り終え、終わりの挨拶と祝福で閉じられます。

この箇所はまさに、信仰者の生涯の終わりを象徴しています。エフェソの信徒への手紙は、パウロの手紙とされています。しかし実際には、パウロ自身が書いたのではなく、パウロの弟子であり後継者によって書かれたものです。この手紙が書かれた時、パウロはすでに天に召されていたのでしょう。著者は、今は亡きパウロの最後を覚えながら、この箇所を書いています。パウロの最後の様子と言葉を、いわば遺言として伝えたかったのでしょう。パウロが牢獄でどういう様子であったのか、そのことはとても力強い信仰の証となります。パウロの同労者ティキコが証人となって、パウロの様子すべてを話すことでしょう。そうする目的は、パウロたちの様子を人々が知ることによって、信仰の励ましを受けるためです。ティキコは、牢獄での様子はもちろん死の様子も語ったかもしれません。言い伝えによれば、パウロはローマで斬首刑に処せられたそうです。しかし残念ながら、わたしたちはパウロの最後がどうであったのか、はっきりと知ることはできません。確かなのは、その最後の様子が、聞く人々の心に励ましを与えるものであったことです。

エフェソ書はパウロの祝福の言葉で終わります。パウロであれば、その生涯の最後に語ったであろう祝福を、エフェソ書はいわばパウロの遺言として書き記したのでした。エフェソ書の著者によれば、パウロの生涯が最も輝いたのは、パウロの伝道が大きな成果を上げた成功の時ではなく、捕らえられ、最後を迎えるその時です。

パウロのどの言葉よりも記憶されるべきは、パウロが生涯を通して証ししてきたことの集大成としての、最後に語られる、愛と恵みの祝福の言葉です。パウロという一人の信仰者が、その生涯を終えるにあたっての様子と言葉。それはわたしたちにとって、大いなる模範です。なぜなら、わたしたちもいつか、地上の生涯を終えるからです。この世を去り、天の御国に召されてゆく時、どんな様子で終わりの時を過ごしたと、人々に記憶されたいでしょうか。どのような言葉を、家族や友、そして兄弟姉妹に遺してゆくのでしょうか。わたしたちが世を去る時、後に財産や保険を遺すことも大切でしょう。

でも、最も大切なものは別にあります。わたしたちが地上の生涯を終えるにあたっての様子です。それを人々の記憶に遺すことによって、家族や兄弟姉妹が慰めと励ましを受けるかどうか。信仰の確信を抱いて生き、死ぬことの意義を、この身をもって示すこと。それこそが重要です。わたしたちが地上の生涯を終えるにあたって語る言葉が人々の記憶に遺す価値のあるものであって、人々に愛と恵み、そして勇気を与えるかどうか。それが重要です。わたしたち信仰者の生涯で最も輝く時は、わたしたちがこの世を去り、天の御国に行く、その最後の道を歩む時です。記憶される価値のある最後を迎えたいと願います。そして信仰者の最後は必ずそのようなものになります。

死は本人にとってはもちろん、家族や友人、主にある兄弟姉妹にとって、つらく悲しいものであるのは確かです。しかし、わたしたち信仰者の死は、決してつらく悲しいだけで終わりません。死をどのように迎えるか、その様子が人々を励まし、天の国と永遠の命の望みを証しするからです。そして、愛と恵みに満ち、人々を励まし望みを与える言葉を、死に際して語ることができるからです。

エフェソ書が物語るパウロの終わりの様子と最後の祝福の言葉は、わたしたちの生涯の終わり方の手本です。わたしたちはこの地上で永遠に生きることはありません。永遠の命はこの世にではなく、天の国にあります。その命を受けるために、地上の命はいつか終わらなければなりません。どんな終わり方をするのか、どんな愛と恵みに満ちた言葉を語るのか。そのことを、わたしたちは覚えて日々を過ごすべきです。

メメント・モリ。死を覚えよ。

この言葉は、信仰者にこそふさわしいものです。この言葉は、わたしたちを不安や恐怖に陥れるための言葉ではありません。私たちが、天の国に帰って永遠の命を受け継ぐことを思い起こし、人生の長短に関係なく、信仰の確信をしっかりと抱いて生きるためです。そして、やがて終わりの時が来たなら、信仰者としての生涯を最も美しく輝く仕方で完結させ、人々に記憶されるに価する最後を迎えるためです。生涯の終わりこそ、わたしたちの最高の証しです。天の国でふたたび会うことを約束し合う時だからです。

あとがき

わたしの属するナザレン教会は教派としての聖書日課を持っていません。どの聖書箇所に基づいて毎週の礼拝説教をするかは、それぞれの牧師に委ねられています。わたしができたばかりの小山伝道所（当時）に赴任した三十六年前、さっそくこの課題に直面しました。当初、いくつかの可能性を試みました。それぞれに長所短所がありましたが、結局、教会暦と組み合わせながら、一つの文書を順に学び、説教してゆく方法に落ち着き、現在に至っています。その中から、今回エフェソ書を選ばせていただきました。

本書が出版されるにあたり、小山教会の皆さまに心から感謝します。わたしは教会の皆さまとの交わりを通して、説教者として養われ、育てられてきました。その意味で本書はわたしの著作というよりも、小山教会の皆さまとの共同作業の成果です。

わたしのライフ・パートナー、摂子に心からの敬意を込めて感謝します。これまで、説教はおもにわたしが担当してきましたが、牧会の大部分を担ってきたのは摂子でした。この四〇年、共同の牧者として共に時を過ごすことができた幸いを神に感謝します。

新教出版社の小林望氏にはこれまでもお世話になってきましたが、このたび、本書の出版を快くお引き受けくださいました。永年の交わりに心から感謝します。

このささやかな著作を通して、聖書を学び、説教を語るという牧者の喜びを、少しでも読者の皆さまと分かち合うことができれば、何よりです。

二〇一八年七月　小山ナザレン教会牧師室にて

石田　学

著　者　　石田　学（いしだ　まなぶ）

1953年、小田原市生まれ。シカゴ大学大学院、ウェスタン神学大学で学ぶ（Th.M. 新約聖書、D.Min. 組織神学）。現在日本ナザレン教団小山教会牧師、日本ナザレン神学校教授。著書：『平和を生きる』（日本ナザレン教団社会活動委員会）、『日本における宣教的共同体の形成　使徒信条の文脈的注解』（新教出版社）。訳書：グッドスピード『古代キリスト教文学入門』（教文館）、ゴンサレス『キリスト教史』上・下（下は共訳、新教出版社）、同『キリスト教思想史』Ⅰ・Ⅱ（新教出版社）ほか。

エフェソ書を読む
釈義と説教

2018年7月31日　第1版第1刷発行

著　者　石田　学

発行者　小林　望
発行所　株式会社新教出版社
〒162-0814 東京都新宿区新小川町9-1
電話（代表）03-3260-6148
http://www.shinkyo-pb.com/

印　刷　モリモト印刷株式会社

 ISBN 978-4-400-12721-5　C1016